ARTES
DE MEXICO

la guía ARTES DE MÉXICO

la guía

ARTES DE MÉXICO

MUSEOS, GALERÍAS
Y OTROS ESPACIOS DEL ARTE

México·Monterrey·Guadalajara·Oaxaca

COORDINACIÓN GENERAL DEL PROYECTO **GUÍA ARTES DE MÉXICO**
Antonieta Cruz

Informes en los telefóno 525 4036, 525 5905

Diseño de páginas interiores
Antonieta Cruz

Diseño de portada
Luis Rodríguez /Mónica Puigferrat

Ilustración para portada e inicio de capítulos
Jorge Herrera

Contacto con espacios del arte
Leonor Lara de la Fuente (Inicio del proyecto)
Yolanda Aburto
Laura Becerril
Margarita de Orellana
Martha Ruy Sánchez

Corrección
Margarita de Orellana
María Palomar
Jaime Soler

Edición en inglés
Roberto Tejada
Susan Briante

Primera edición, 1995

D.R.© Artes de México y del Mundo, S.A. DE C.V.

ISBN 968-6533-25-7

Impreso en México por Reproducciones Fotomecánicas

Artes de México
Plaza Río de Janeiro 52
Colonia Roma
06700 México, D.F.
Teléfonos 525 4036, 525 5905

CONTENIDO

MUSEOS / FUNDACIONES

GALERÍAS DE ANTIGÜEDADES

Editorial

*I*n order to better respond to the frequent and numerous phone calls and letters we receive at the Artes de México *offices, asking for information with regard to museums and galleries, we decided to edit this first guide to the principal art spaces in Mexico. We realized that this kind of publication was necessary for many people both in Mexico and abroad, which is why we undertook the task of gathering the efforts of many professionals in the art world to make possible this bilingual publication which includes both private and public institutions.*

As it was initially impossible to include the entire Mexican republic, we conducted a survey in order to define the cities which would appear in this first edition. There was a remarkably large demand for information regarding museums and galleries in Monterrey, Oaxaca, Guadalajara and Mexico City. In future editions of the Artes de México Guide, *we hope to cover additional cities so as to complete the information with regard to the entire country.*

Each one of the galleries and museums that appears in this guide contributed something to the project, which is a joint effort to promote the visual arts of Mexico. In some cases, certain private institutions supported the participation of museums with limited resources. Needless to say, at the end of each section there is a list of those art spaces that can be visited but that could not participate more actively. In short, we hope this project will be highly useful.

Para responder mejor a las frecuentes y numerosas llamadas y cartas que recibimos en las oficinas de *Artes de México* pidiéndonos información elemental sobre museos y galerías, decidimos editar esta primera guía de los principales espacios del arte. Nos dimos cuenta de que era necesaria para mucha gente dentro y fuera de México, por lo que emprendimos la tarea de reunir esfuerzos de muchos profesionales en el arte para hacer posible esta edición bilingüe que reúne espacios públicos y privados.

Como no era posible, en un primer momento, cubrir toda la república, hicimos una encuesta para definir las ciudades de las que nos ocuparíamos en esta primera edición. Recibimos una demanda notablemente mayor de información sobre galerías y museos en Monterrey, Oaxaca, Guadalajara y la ciudad de México. En próximas ediciones esperamos cubrir más ciudades hasta completar la información sobre todo el país.

Cada una de las galerías y de los museos que aparecen aquí contribuyó con su grano de arena para hacer posible esta guía, que es un esfuerzo conjunto de difusión. En algunos casos hubo compañías privadas que apoyaron la participación de museos con recursos limitados. De cualquier modo, al final de cada sección aparecen enlistados otros espacios del arte, en estas cuatro ciudades, que no pudieron participar más activamente en este proyecto que, esperamos, sea de gran utilidad.

DE MEXICO

A gathering of literature, history and the arts

Originally founded in 1953, Artes de México *was established again in 1988 by a new generation of editors who, unlike other commercial publishers, have shown a resolve to excel as cultural developers. In six years nearly 200 authors from differing standpoints have studied, analyzed and discussed a vast range of issues with regard to Mexico and its arts. Published in English and Spanish, the magazine has been honored with seventeen national and international awards in publishing since 1988.*

From pre-Hispanic art to Mexican film, from colonial caste paintings to the ritual art of child death, from Chiapan textiles to viceregal palaces, from insects in Mexican art to the languages of silver, from contemporary architecture to traditional manual arts—Mexico's most creative forms are gathered among the pages of Artes de México.

Artes de México *is a full-color, bimonthly publication edited in both English and Spanish, making each single-theme issue a collector's item. A magazine edited with the quality of an art book.*

Artes de México *is also publisher of this guide.*

The magazine with the highest standards in Latin America, both in form and content. It is also the most prestigious magazine in Mexico. Each issue is a pleasure, an adventure and a discovery.

The Washington Post

One of the most important magazines in Mexico today and clearly the most handsome.

Poetry Flash
San Francisco

ARTES
DE MEXICO

Lugar de confluencia de la literatura, la historia y las artes

Artes de México fue fundada en 1953, y reiniciada en 1988 por una nueva generación, más como proyecto cultural que como otra editorial comercial. En seis años, cerca de 200 autores de horizontes diferentes han comentado, estudiado y descubierto al público que la lee tanto en español como en inglés, nuevos y antiguos perfiles de México en sus artes. Desde 1988 se le han otorgado 17 premios nacionales e internacionales al arte editorial.

Del cine al arte prehispánico, de la pintura de castas al arte ritual de la muerte niña, de los textiles de Chiapas a los palacios virreinales, de los insectos en el arte a los lenguajes de la plata, de la arquitectura contemporánea a las artesanías, las más creativas formas de México conviven en sus páginas.

Artes de México es una publicación bimestral, monográfica, coleccionable, ampliamente ilustrada y bilingüe. Un libro de arte que es difundido como revista.

Artes de México es también editor de esta guía.

La publicación hispanoamericana con más alta calidad tanto en forma como en contenido. Y sin duda la más prestigiosa de las revistas mexicanas. Cada número es un placer y al mismo tiempo una aventura, un descubrimiento.

The Washington Post

Una de las más importantes revistas de México y sin duda la más hermosa actualmente.

Poetry Flash
San Francisco

GALERÍAS
CASAS DE SUBASTAS

ANDRÉS SIEGEL/ARTE

FOTOGRAFÍA: FERNANDO CORDERO

Av. Veracruz 40
Condesa/Roma
06700 México, D.F.
Tel 286 4818
Fax 286 4837
L. a V. de 10-14
y de 16-19 hrs
S. de 11-15 hrs

México

La hoy restaurada casa porfiriana que se ubica en donde convergen las colonias Roma y Condesa y que en los años veinte habitaran los célebres fotógrafos Tina Modotti y Edward Weston, se ha convertido desde hace varios años en un espacio dedicado al arte de este fin de siglo. Sin limitaciones de estilo o discurso, de técnica o medio y con un gran compromiso de calidad, Andrés Siegel/Arte es una galería cuyo proyecto es mostrar al coleccionista y al amante del arte, alternativas artísticas coherentes en este ecléctico fin de milenio. Su acercamiento a las diferentes disciplinas del arte es a la vez cuidadoso y actual, como el criterio de restauración de la casa en la que se alberga, que es también un atractivo para quien la visita. Con el interés de dar a los coleccionistas un servicio global, la galería ofrece los servicios de curaduría, asesoría en conservación y restauración, asesoría en compra, venta e inversión en arte, así como catalogación de colecciones.

Several years ago, the house that served as the 1920s residence of Tina Modotti and Edward Weston was restored. Located where the Colonia Roma borders the Colonia Condesa, this building from the Porfirio Díaz era has been converted into a gallery dedicated to late twentieth-century art. At Andrés Siegel/Arte, there are no restrictions on style or discourse, technique or medium—the only criteria is quality. It is a gallery that aims to show the collector and art enthusiast coherent artistic alternatives in this eclectic end of the millennium. In its approach to different artistic disciplines the gallery is both thorough and contemporary, as can be seen in the renovation of the building—which is an attraction in itself. With an interest in satisfying the complete needs of the collector, the gallery offers its curatorial services, in the appraisal of art, as well as in the documentation of collections.

Andrés Siegel / Arte

ARTE NÚCLEO GALERÍA

Ernesto Álvarez

Gustavo Arias Mureta

Víctor Hugo Castañeda

Alberto Castro Leñero

Guillermo Ceniceros

Arnaldo Coen

Javier Cruz

Xavier Esqueda

Emilio Farrera

Manuel Felguérez

Esther González

Víctor Gutiérrez

Julia López

Luis López Loza

Águeda Lozano

Tere Metta

Guillermo Meza

Carol Miller

Dalia Monroy

Noemí Ramírez

Oris Robertson

Gustavo Valenzuela

Y grandes maestros como:

Dr. Atl

Joaquín Clausell

Pedro Coronel

José Clemente Orozco

Diego Rivera

David Alfaro Siqueiros

Rufino Tamayo

EDGAR ALLAN POE 308
ESQUINA HOMERO
POLANCO
11560 MÉXICO, D.F.
TELS 254 3732
531 2905
FAX (525) 254 1942
L. A V. DE 10-19 HRS
S. DE 10-15 HRS

MÉXICO

Arte Núcleo nace en 1984 con la inquietud de renovar el concepto de las galerías mexicanas convencionales, apoyando y promoviendo nuevos valores, la compra-venta de colecciones, así como la difusión del arte mexicano, tanto en nuestro país como en el extranjero. Cuenta con personal altamente calificado que se preocupa por ofrecer una especial atención y asesoramiento. Arte Núcleo organiza clases y conferencias en grupos reducidos para quienes tienen la inquietud de profundizar en determinadas corrientes artísticas, así como también lleva a cabo exposiciones individuales y colectivas, y ejecuta proyectos en coordinación con museos e instituciones, donde colaboran artistas, críticos y todos aquellos interesados en el mundo del arte. Arte Núcleo realiza ediciones de libros y de obra gráfica seriada. Arte Núcleo ofrece un centro cultural y artístico en el corazón de Polanco. Diana Ripstein de Nankin, directora de Arte Núcleo Galería, en nombre de todo el personal, le da la bienvenida.

Arte Núcleo was founded in 1984 with a restless impulse to renovate the concepts behind conventional Mexican art galleries. Arte Núcleo supports and promotes new artistic values, the purchase and sale of collections, as well as the work of Mexican artists both here and abroad. The gallery features a highly-qualified staff providing personal attention and consultation. Arte Núcleo organizes courses and lectures for small groups interested in broadening their knowledge of specific artistic movements, as well as solo and group exhibitions, projects in conjunction with museums and institutions gathering artists, critics and all those interested in the art world. The gallery also publishes art books and limited editions of works on paper. Arte Núcleo is an artistic cultural center in the heart of Polanco. (Diana Ripstein de Nankin, director)

AMCAA
Asociación Mexicana de Comerciantes en Arte y Antigüedades, A.C.

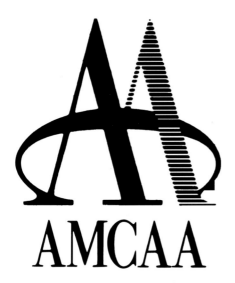

Mesa directiva 1994-1995

Lic. Diana Ripstein de Nankin
Presidente
Sra. Jeannette Mondragón Kalb
Secretario
Ing. Sergio Chacón
Tesorero
Srita. Mariana Pérez
Vocal

Lic. Luis López Morton
Vicepresidente
Lic. Alfonso Bulle Goyri
Pro-secretario
Lic. Carlos Corral
Pro-tesorero
Sr. Luis Felipe Salas
Vocal

Antigüedades G. Estrasburgo

Antigüedades Imperio

Antigüedades Montecristo

Antigüedades Suneel

Arte Núcleo Galería

Arte Sandra Azcárraga

Arte y Antigüedades

La Buhardilla

Aura Galerías

La Escalera de Cristal

Ediciones Contemporáneas Viart

Film House

Galería de Antigüedades

Florencia Riestra

Galería Arcángel

Galería Alberto Misrachi

Galería 10/10

Galería Arvil

Galería Daniel Liebshon

Galería de Arte Marstelle

Galería de Arte Mexicano

Galería de Arte Óscar Rizk Aziz

Galería Estela Shapiro

Galería Gomart

Galería HB

Galería Juan Martín

Galería La Estrella

Galería López Quiroga

Galería Maren

Galería Misrachi, S.A. de C.V.

Galería Nina Menocal

Galería OMR, S.A. de C.V.

Galería Óscar Román

Galería Palais Royal

Galería Praxis Arte Internacional

Galería Regencia

Galería Rodrigo Rivero Lake

Galería Summa Artis

Galería Tlapalli. Arte
Contemporáneo

Galerías Louis C. Morton

Jeannette Mondragón

Restauraciones Bobby

Rincón del Ángel

Como en tantos otros países que cuentan con una intensa vida cultural, surgen necesidades colectivas que sería imposible satisfacer individualmente. Por lo tanto, se hace indispensable la creación de agrupaciones de apoyo. Nuestra asociación no es lucrativa. Pretendemos, mediante la unión, una mejor ética y un mercado más transparente, evitar la circulación de piezas falsas y robadas que tanto desacreditan a nuestros mercados, así como tener un centro de información propicio para crear un ambiente de confianza entre los que comercializamos con el arte y los que lo crean.

As in other countries with intense cultural activity, collective needs often surface whereby individual responses are rendered more difficult, thus creating a need to form support groups. AMCAA is a non-profit organization. Through united efforts, its aim is to achieve a standard of ethics and clarity in the art market. A further aim is to decrease the circulation of fakes or stolen pieces, which highly discredit the Mexican art market, and to set up an information center that would create a supportive atmosphere among artists and those involved in selling art.

Centro de Cultura Casa Lamm

FOTOGRAFÍA: JORGE VÉRTIZ

ÁLVARO OBREGÓN 99
ROMA
06700 MÉXICO, D.F.
TELS 514 4899
525 3938 / 514 3918
FAX 525 5141
INFORMES
DE 8:30-19 HRS

MÉXICO

Una bellísima casa porfiriana abandona su carácter habitacional para convertirse en el Centro de Cultura Casa Lamm, llamado así en memoria del arquitecto Lewis Lamm, constructor de la casa. Al rescate de este patrimonio artístico e histórico de nuestra ciudad, se suma la función de crear un espacio plural para el estudio y la difusión de las artes, a partir de las actividades generadas por su dirección Académica (cursos libres, talleres de pintura y escultura), la librería Pegaso (amplia selección de libros de arte), el área de Artes Plásticas (exposiciones temporales), la dirección de Eventos Especiales (renta de espacios para sesiones de trabajo, presentaciones de libros, etcétera) y su café-restaurante Las Flores del Mal.

A beautiful house from the Porfirio Díaz era has been converted into the Casa Lamm Cultural Center, named after its architect Lewis Lamm. Its restoration not only rescued one of Mexico City's historic buildings and part of Mexico's artistic heritage, it also created a multi-purpose space for the study and advancement of the arts. The center offers courses, open to the public, and workshops in painting and sculpting through their Academic Department, in addition to coordinating special events (renting spaces for conferences or book presentations). Casa Lamm also features the Pegaso Bookstore with a wide selection of art books, gallery areas which host seasonal exhibitions and a restaurant-café Las Flores del Mal.

CASA LAMM
CENTRO DE CULTURA
M C M X C I I

CHRISTIE'S

RUFINO TAMAYO
NIÑOS JUGANDO CON FUEGO, 1947
ÓLEO/TELA
127 X 172.5 CM

RÉCORD MUNDIAL PARA UNA OBRA DE CABALLETE DEL ARTISTA
VENDIDO POR 2 202 500 DÓLARES EL 18 DE MAYO DE 1994

EUGENIO SUE 65
POLANCO
11560 MÉXICO, D.F.
TELS (525) 281 0190
280 9804 / 281 0688
FAX (525) 281 3088
L. A J. DE 9-14
Y DE 16-18 HRS
V. DE 9-15:30 HRS

MÉXICO

Christie's, la casa de subastas de obras de arte más antigua del mundo, es una organización internacional cuyas acciones se cotizan en bolsa. Su distinguida reputación de integridad y experiencia data de 1766, cuando James Christie abrió su nueva casa de subastas en Londres, y gracias a sus conocimientos y atención personal, la convirtió en el nuevo centro internacional de subastas de arte. Christie's, siendo reconocida mundialmente como una casa de subastas de primerísima calidad, además de tener oficinas en todo el mundo, también cuenta con una importante imprenta en Londres y promueve las siguientes actividades: cursos educativos, conferencias, eventos para museos y eventos especiales de beneficiencia pública. Su representante en México es la señora Patricia Hernández Ramírez.

Christie's, the world's oldest auction house of fine art, is a publicly-owned international organization. Its distinguished reputation for integrity and experience dates from 1766, when James Christie opened his new auction house in London. Through his knowledge and personal attention, it became the new international center of art auctions. Christie's, recognized across the globe as one of the premiere auction houses, has an important publishing house in London and promotes various other activities including educational courses, conferences, museum events and special charity events. They also have offices all over the world. Their representative in Mexico is Patricia Hernández Ramírez.

CHRISTIE'S

CORREDOR CULTURAL DE LA ROMA

MARCO VARGAS
PRIMER LUGAR DEL I CERTAMEN DE ESCULTURA AL AIRE LIBRE

INFORMES
TELS 207 1080
564 7443
514 4592
514 4899

MÉXICO

En pleno corazón de la Roma, varias galerías de arte, librerías y restaurantes han ido revitalizando la vida cultural de la zona. Junto con la Delegación Cuauhtémoc, la Galería OMR, la Galería Nina Menocal, la Casa Lamm, la Galería Florencia Riestra (ahora desgraciadamente desaparecida) y, recientemente, el Salón de la Plástica Mexicana, han constituido el Corredor Cultural que, con inauguraciones simultáneas, y varios actos organizados conjuntamente, han hecho de las calles que van de la plaza Río de Janeiro a la plaza Luis Cabrera una gran galería urbana. Fue notable en 1994 el concurso de escultura al aire libre que permitió tener durante varios meses en esas calles más de 40 obras sobresalientes del arte contemporáneo.

Various galleries, bookstores and restaurants located in the very heart of the Colonia Roma have revitalized the cultural life of this neighborhood. The Galería OMR, the Galería Nina Menocal, the Casa Lamm Cultural Center, the Galería Florencia Riestra (which has unfortunately closed) and, most recently, the Salón de la Plástica Mexicana, along with the Cuauhtémoc Delegation, have founded The Colonia Roma Cultural Walkway project (Corredor Cultural de la Roma). Through simultaneous inaugurations and co-sponsored events, these entities have turned the streets that run from the Plaza Río de Janeiro to the Plaza Luis Cabrera into a giant urban gallery. In 1994, they organized an outdoor sculpture exhibition which brought more than forty outstanding contemporary art works to these streets for several months.

CIUDAD DE MEXICO
Cuauhtémoc **DDF**

GALERÍA A. CRISTÓBAL

DAVID ALFARO SIQUEIROS
EL NÁHUATL, CA. 1965
PIROXILINA/PANEL
80 x 60 CM

Miguel Cabrera

Leonora Carrington

Conrad W. Chapman

Pedro Coronel

Juan Correa

Luis Coto

Daniel T. Egerton

Paul Fischer

Barón de Gros

Ernesto Icaza

Frida Kahlo

Eugenio Landesio

Carlos Mérida

José Clemente Orozco

Édouard Pingret

Diego Rivera

Johann M. Rugendas

Manuel Serrano

David A. Siqueiros

Rufino Tamayo

J. de Valdés Leal

José María Velasco

Ignacio Zuloaga

HAMBURGO 165-B
ZONA ROSA
06600 MÉXICO, D.F.
TEL 207 1848
FAX 207 7934

MÉXICO

Fundada en 1960 por don Ángel Cristóbal, esta galería se ha preocupado por la difusión del arte pictórico mexicano y europeo de los siglos XVII al XX. Actualmente, su ya reconocida seriedad y especialización, junto con su actual director, Agustín Cristóbal, le permite asesorar a coleccionistas privados, inversionistas y museos para la formación, exposición, compra y venta de colecciones de arte.

Founded in 1960 by Ángel Cristóbal, this gallery has concentrated on the promotion of Mexican and European pictorial art from the seventeenth through the twentieth centuries. Today, with its reputation for dedication and expertise, under its director Agustín Cristóbal, the gallery offers consultation services to private collectors, investors and museums as to the creation, exhibition and buying and selling of collections.

GALERÍA DE ARTE
ALFREDO ATALA BOULOS

En el año de 1984, el Centro Libanés inauguró su unidad cultural y su galería de arte, a la cual decidió dar el nombre de Alfredo Atala Boulos, en reconocimiento a uno de sus benefactores. La galería es un espacio cuya propuesta consiste principalmente en difundir las obras de los artistas y movimientos del arte contemporáneo de México, haciendo énfasis en los maestros contemporáneos, así como promover la obra de las nuevas generaciones de jóvenes creadores que hacen aportes originales al arte de nuestro país y de nuestro tiempo. El programa anual de la galería se integra con diversas exposiciones y actos, *performances*, conferencias, mesas redondas y el encuentro *México-Líbano*, cuyo objetivo es despertar el interés de la comunidad libanesa por sus raíces y el conocimiento del arte en general.

BARRANCA DEL MUERTO
ESQUINA 2 DE ABRIL
FLORIDA
03940 MÉXICO, D.F.
TEL 228 9933 EXT 270
FAX 663 4459
L. A D. DE 10-14
Y DE 16-19 HRS

MÉXICO

In 1984, the Lebanese Center (Centro Libanés) inaugurated its cultural space and art gallery, named in recognition of one of its benefactors, Alfredo Atala Boulos. The gallery aims to promote the works of Mexican contemporary artists and movements, with an emphasis on the works of the masters. The gallery also features the work of new generations of young artists who have made original contributions to contemporary Mexican art. The gallery's annual calendar includes various exhibitions, events, performance-art pieces, conferences, round tables and the Mexico-Lebanon exchange which aims to generate interest in Lebanese culture and art in general among the Lebanese community.

GALERÍA DE ARTE MEXICANO

Olga Costa
Sandías partidas, 1971
Óleo/tela
57 x 77 cm
Colección: Galería de Arte Mexicano
Fotografía: Galería de Arte Mexicano

Carlos Aguirre

Pedro Diego Alvarado

Frederic Amat

Pablo Amor

Krzystof Augustin

Enrique Canales

Leonora Carrington

Alfredo Castañeda

Fernando Castro Pacheco

Elena Climent

Olga Costa

José Luis Cuevas

Pedro Friedeberg

Luis García Guerrero

Gunther Gerzso

José González Veites

Jan Hendrix

Magali Lara

Joy Laville

Luis López Loza

Ricardo Mazal

Carlos Mérida

Sylvia Ordóñez

Marta Palau

Luis Miguel Quezada

Ricardo Regazzoni

Miguel Ángel Ríos

Ricardo Rocha

José Luis Romo

María Sada

Ignacio Salazar

Teresa Serrano

Juan Soriano

Humberto Spíndola

Mary Stuart

Eduardo Tamariz

Francisco Toledo

Humberto Urbán

Nahum B. Zenil

GOB. RAFAEL REBOLLAR 43
SAN MIGUEL CHAPULTEPEC
11850 MÉXICO, D.F.
TELS 273 1261
272 5529 / 515 1636
FAX 272 5583
L. A V. DE 10-19 HRS
S. DE 10-14 HRS

MÉXICO

Fundada en 1935 por Carolina Amor, esta galería, una de las más prestigiosas de México, fue dirigida casi desde su comienzo por Inés Amor, quien la impulsó con profesionalismo y certeza durante 40 años. Ha sido fundamental para varias generaciones de artistas, de la Escuela Mexicana a las neovanguardias y rupturas de los sesenta y las nuevas definiciones estéticas de este final de siglo. Actualmente, Mariana Pérez Amor y Alejandra Reygadas de Yturbe continúan la difusión del arte mexicano fuera y dentro del país. Son notables su extenso archivo sobre artistas y exposiciones, y su importante colección de arte que incluye a varias generaciones y es solicitada con frecuencia por museos de diferentes países. En 1991 restauró una vieja propiedad de la colonia San Miguel Chapultepec añadiendo al interés de lo que expone, el de conocer sus instalaciones. Además de editar sus catálogos ha impulsado varias ediciones de libros de arte.

This gallery, founded in 1935 by Carolina Amor, is one of the most prestigious in Mexico. Almost from the start, the gallery was directed by Inés Amor with resolve and professionalism for forty years. And it has been instrumental to many artistic movements from the Mexican School to the neo-avant garde, from the Ruptura of the 1960s to the new aesthetic proposals of the end of the century. Today, Mariana Pérez Amor and Alejandra Reygadas de Yturbe continue the promotion of art, both on the national and international level. The gallery's extensive archives on artists and exhibitions are worthy of note, as is its important collection which spans various generations and is frequently solicited by museums from all over the world. In 1991, they restored an old building in the Colonia San Miguel Chapultepec, only adding to the interest already generated by their exhibitions. In addition to catalogues, they have published many books on art.

GALERÍA DE ARTE MISRACHI

LA FONTAINE 243
POLANCO
11550 MÉXICO, D.F.
TELS 250 4105
254 4902
FAX 254 4902
L. A V. DE 10-14
Y DE 15-19 HRS
S. DE 11-14 HRS

MÉXICO

Juan Alcázar

Gustavo Arias Murueta

Vito Ascencio

Dr. Atl

Patricia Cajiga

Miguel Carrillo

Felipe Castañeda

Alberto Castro Leñero

José Castro Leñero

Pedro Cervantes

Rafael Coronel

Francisco Corzas

Fitzia

Jorge González Camarena

Javier Marín

Carol Miller

Pedro Ramírez Vázquez

Arturo Rivera

Diego Rivera

José Luis Serrano

Naomi Sigman

Marco Vargas

David Alfaro Siqueiros

Víctor Vizcarro

José Volcovich

Francisco Zúñiga

Galería de Arte Misrachi tiene varias décadas dedicada a la promoción de artistas en México y el extranjero. Por sus muros han pasado las obras de Rivera, Orozco, Siqueiros y Tamayo así como Frida Kahlo o el Dr. Atl. Por medio de las exposiciones o de las ediciones de arte que ha hecho —y por las que ha recibido varios reconocimientos—, ha llevado la obra de artistas como Francisco Zúñiga, Pedro y Rafael Coronel o José Luis Cuevas a otros países.

The Galería de Arte Misrachi has been dedicated to the promotion of artists, both in Mexico and abroad. The works of Rivera, Orozco, Siqueiros and Tamayo, as well as many others, such as Frida Kahlo or Dr. Atl, have been displayed on the gallery's walls. Through the exhibitions and art books that the gallery has published, and for which it has received various international awards, the gallery has brought the work of many artists to the international arena including Francisco Zúñiga, Rafael and Pedro Coronel and José Luis Cuevas.

Galería Artes Plásticas Internacionales

María Eugenia Figueroa
Con luz de cuarto menguante

Mario Aguirre

Héctor Ayala

Juan Calderón

Federico Cantú

Mario Castro

Fidel Corpus

María Eugenia Figueroa

Kurt Larish

Jesús Lemus

Jesús Martínez

José Clemente Orozco

Trinidad Osorio

Ramón Pratz

Hermilio Ramírez

Jesús Reyes Ferreira

Diego Rivera

Ana Rosa Rojas

Jackeline Romano Siguineau

Jaime Rueda

David Alfaro Siqueiros

Luis y Patricia Strempler

José Guadalupe Suárez

PASEO DE LA REFORMA
325-LOCAL 9
HOTEL MARÍA ISABEL
SHERATON
06600 MÉXICO, D.F.
TEL 514 1510
L. A V. DE 10-15
Y DE 16-19 HRS

MÉXICO

La Galería Artes Plásticas Internacionales, ubicada frente al Ángel de la Independencia, en uno de los locales del Hotel María Isabel Sheraton se ha dedicado, desde los inicios del hotel, a promover y divulgar la cultura. Hoy se ha propuesto dar cabida a nuevos valores de la plástica mexicana, para que cuenten con un espacio cultural de proyección nacional e internacional, proporcionando una respuesta inmediata a la inquietud de clientes que quieran admirar y adquirir obras artísticas de reconocido prestigio.

Located near the Angel of Independence and inside the Hotel María Isabel Sheraton, the Galería Artes Plásticas Internacionales has promoted culture since the hotel's inception. Today, it proposes to showcase new talents in the visual arts of Mexico, creating a cultural forum with a national and international scope, that attends to the concerns of clients who want to admire and acquire works of recognized prestige.

GALERÍA ARVIL

FRIDA KAHLO
SOL Y VIDA, 1947
ÓLEO/MASONITE
40 x 50 CM

Dr. Atl

Jacobo Borges

Juan Calderón

Leonora Carrington

José García Ocejo

María Izquierdo

Frida Kahlo

Roberto Márquez

Carlos Mérida

José Clemente Orozco

Diego Rivera

David Alfaro Siqueiros

Juan Soriano

Rufino Tamayo

Francisco Toledo

Remedios Varo

CERRADA DE
HAMBURGO 7 Y 9
ZONA ROSA
06600 MÉXICO, D.F.
TELS 207 2820
207 2900 / 207 2647
FAX 207 3994
L. A V. DE 10-14:30
Y DE 16-19 HRS
S. DE 10-15 HRS

MÉXICO

La Galería Arvil fue fundada en mayo de 1969 por Armando Colina y Víctor Acuña, en Hamburgo 241, como librería de arte y tienda de música culta y con un pequeño espacio destinado a exposiciones. Ahí se exhibía obra de artistas muy prestigiados, como Toledo y el Dr. Atl. En 1976, se cambia la galería a la Cerrada de Hamburgo 9 inaugurando con una exposición del joven pintor Enrique Guzmán. Posteriormente ampliaron su área de exposición y crearon Arvil Gráfica. Desde 1969, Arvil ha organizado más de 650 actividades relacionadas con la cultura en México y en el extranjero. Se especializa en arte mexicano contemporáneo, pero también promueve el arte latinoamericano actual. Su espacio se divide en tres secciones interrelacionadas: librería, galería de obra gráfica y galería de obra de caballete, fotografía y escultura.

In May 1969, the Galería Arvil was founded by Armando Colina and Víctor Acuña as a bookstore of fine art and music with a small exhibition space. At its locale on Hamburgo 241, the works of many accomplished artists, such as Toledo and Dr. Atl, were exhibited. In 1976, a new gallery space on Cerrada de Hamburgo 9 was inaugurated with an exhibition of the young painter Enrique Guzmán. Later the exhibition space was expanded and Arvil Gráfica was born. Since its founding, the gallery has organized more than 650 cultural activities in Mexico and abroad. Although the gallery specializes in Mexican art, it also promotes contemporary art from all Latin America. The gallery is divided into three interrelated spaces: a bookstore, a gallery of works on paper and a gallery of works on canvas, photography and sculpture.

Galería Estela Shapiro

Fotografía: Enrique Bostelmann

Tere Aguilar Suro

Alejandro Chacón Pineda

Aarón Cruz

Carmen Esquivel

Saúl Kaminer

Antonio López Sáenz

Rosa Luz Marroquín

Rodolfo Morales

Carlos Nakatani

Felipe Orlando

Mario Rangel

Josefina Temin

VÍCTOR HUGO 72
ANZURES
11590 MÉXICO, D.F.
TELS 525 0123
525 0326
FAX 208 1922
L. A V. DE 10-14
Y DE 16-20 HRS
S. DE 10-14 HRS

MÉXICO

La Galería Estela Shapiro, se funda en el año de 1978 y en el año de 1988 inaugura su nuevo espacio, diseñado especialmente para cubrir las necesidades de una galería profesional de arte. Cuenta con dos áreas de exposición y con un auditorio de 64 butacas, cabina de proyección, luz y sonido, aire acondicionado y un foro adecuado para cursos de música, literatura y teatro. De esta manera se han podido promover, además de las artes plásticas, otras expresiones artísticas y culturales. El auditorio también se renta a empresas que requieran este tipo de espacio para seminarios, conferencias, etcétera. Ha coeditado los libros *Antonio López Sáenz* y *Rodolfo Morales* y editado el libro *Imagen y presencia: Trece pintores contemporáneos de México*, así como un disco del pianista Fernando García Torres. La galería representa a un grupo de pintores contemporáneos de México promoviendo su obra en los ámbitos nacional e internacional.

The Galería Estela Shapiro was founded in 1978. A new space was inaugurated in 1988, designed especially to fulfill the expanding needs of a professional art gallery. It includes two exhibition spaces, a 64-seat auditorium, light and sound booth and a forum adequate for music, literature and drama courses. In this way the gallery has been able to promote other cultural activities as well as the visual arts. The auditorium can be rented to organizations that require this type of space for seminars, conferences, etc. In addition, the gallery has co-edited the books Antonio López Sáenz *and* Rodolfo Morales *and published* Imagen y presencia: Trece pintores contemporáneos de México, *as well as having produced a recording of the pianist Fernando García Torres. The gallery represents a group of contemporary Mexican painters, promoting their works on both a national and an international level.*

GALERÍA GUNTHER GERZSO
CINETECA NACIONAL

GUNTHER GERZSO
LA MUJER DE LA JUNGLA
COLECCIÓN: GALERÍA LÓPEZ QUIROGA
FOTOGRAFÍA: CLAUDIA PICCONE

José Luis Cuevas

Gunther Gerzso

Vicente Rojo

Francisco Toledo

Av. México-Coyoacán
Xoco
03330 México, D.F.
Tel 688 3852
Fax 688 4211
Ma. a D. de 16-21 hrs

MÉXICO

La conjunción de las artes plásticas y el cine es una novedad en el concepto actual de las galerías de México. En la galería Gunther Gerzso cada exposición se complementa con un ciclo de cine relacionado de alguna manera con la obra del artista expuesto. La galería existe desde la creación de la Cineteca Nacional. En un principio se hacían exposiciones de fotomontajes, carteles cinematográficos o sobre alguna personalidad del medio. El 1 de marzo de 1994 la galería se reinaugura con obra plástica: primero José Luis Cuevas, y posteriormente Gunther Gerzso, cuyo nombre lleva este espacio en reconocimiento a su labor plástica y cinematográfica. Vicente Rojo y Francisco Toledo son otros exponentes cuya relación con el cine ha influido sus obras. Es así como resurge un espacio en donde las artes plásticas y el séptimo arte se conjugan.

Each exhibition is complemented by a film cycle related in some way to the works of art on display, linking the visual arts and film in a highly innovative way among contemporary Mexican galleries. The gallery has existed since the creation of the Cineteca Nacional (The National Film Institute), originally organizing exhibitions of photo-montages, film posters or those related to film personalities. On March 1, 1994, the gallery was re-inaugurated with a visual arts exhibition that featured the work of José Luis Cuevas and, later, Gunther Gerzso, after whom this space was named in recognition of this artist's work within the visual and cinematographic arts. The work of Vicente Rojo and Francisco Toledo, whose relation to film has been influential to their art, has also been exhibited. In this way a new space has emerged joining the visual arts and the cinematographic arts.

Galería HB

Teódulo Rómulo
Naturaleza viva, 1994
Óleo/tela
51 x 65.5 cm

Gustavo Aceves

Jorge Alzaga

Iola L. Benton

Walter Boesterly

Pedro Bonnin

Susana Carlson

Teresa Cito

Vladimir Cora

Javier Cruz

Salvador Cruzado

Yvonne Domenge

Alfredo Falfán

Rubén García Benavides

Luis Granda

José A. Hernández Amezcua

Rodolfo Hurtado

Diego Lapuente

Alberto Lenz

Leonel Maciel

Vicent Marcó

Mario Martín del Campo

Xavier Meléndez

Luis Nishizawa

Carmen Parra

Teódulo Rómulo

Herlinda Sánchez Laurel

Elena Villaseñor

ALTAVISTA 106
SAN ÁNGEL
01000 MÉXICO, D.F.
TELS 550 3211
616 1269
FAX 550 3211
L. A V. DE 10-14
Y 16-19 HRS
S. DE 10-14 HRS

MÉXICO

La Galería HB tiene siete años de manejar obra de más de 50 artistas de primer nivel. Dentro del ámbito del arte contemporáneo mexicano promueve artistas que tienen una amplia trayectoria y son verdaderos exponentes del arte actual, reconocidos en México y el extranjero. Está situada en una de las más atractivas colonias de la ciudad de México, cerca de varios espacios culturales importantes como museos, casas de cultura, librerías y en una de las calles comerciales más visitadas de la zona.

For seven years the Galería HB has handled the work of more than fifty premier artists from the world of contemporary Mexican art. The gallery is located in one of Mexico City's most attractive neighborhoods, close to many important cultural spaces such as museums, cultural centers and bookstores, on one of the most frequently-visited streets in the area.

GALERÍA JUAN MARTÍN

Lola Álvarez Bravo

Manuel Álvarez Bravo

Laura Anderson

Gilda Castillo

Francisco Castro Leñero

Gilberto Chen

Rogelio Cuéllar

Alberto Gironella

Roger von Gunten

Graciela Iturbide

Marina Lascaris

Gabriel Macotela

Manuel Marín

Mario Martín del Campo

Kiyoto Ota

Marco Antonio Pacheco

Gustavo Pérez

M. Rivera Velázquez

Vicente Rojo

Kazuya Sakai

Sebastián

Susana Sierra

Francisco Toledo

CHARLES DICKENS 33-B
POLANCO
11560 MÉXICO, D.F.
TELS 280 0277
280 8212
L. A V. DE 10:30-14:30
Y DE 16:30-19:30 HRS
S. DE 10:30-14:30 HRS

MÉXICO

La Galería Juan Martín fue fundada en 1961 por el señor Juan Martín quien aglutinó a la generación llamada posteriormente Ruptura. Arnaldo Coen, Lilia Carrillo, Francisco Corzas, Fernando García Ponce, Alberto Velázquez y Roger von Gunten constituyeron el núcleo hasta 1968, año en que ingresa a la galería Francisco Toledo. En 1973, se retira el señor Juan Martín y asume la dirección Malú Block. A partir de ese momento, siguiendo los lineamientos de la galería, exponen también Sebastián, Susana Sierra y Fernando González Gortázar, se muestran artistas extranjeros y se inicia la política de apoyo a la fotografía.

The Galería Juan Martín was founded in 1961 by Juan Martín, the man who gathered the generation later known as the Ruptura. Arnaldo Coen, Lilia Carrillo, Francisco Corzas, Fernando García Ponce, Alberto Velázquez and Roger von Gunten made up the core group of artists, until 1968 when Francisco Toledo joined the gallery. In 1973, Juan Martín retired and Malú Block took over as director. The gallery has maintained its central commitment to exhibiting artists such as Sebastián, Susana Sierra and Fernando González Gortázar. The gallery also features foreign artists and has begun to exhibit photography.

ADRIÁN TAVERA
VENTANA
ÓLEO/MASONITE
125 X 100 CM

Agros

Mario Aguirre

Virginia Aparicio

Felipe Castañeda

Ignacio Castañeda

Martha Chapa

Rubén Contreras

José Luis Cuevas

Pedro Friedeberg

Gunther Gerzso

Ramiro Medina

Carlos Mérida

Leonardo Nierman

Rodolfo Nieto

Juan Reyes Haro

José Luis Serrano

Juan Silvestre

Rufino Tamayo

Adrián Tavera

Francisco Toledo

Gustavo Valenzuela

Paloma Valenzuela

Marco Antonio Zepeda

Francisco Zúñiga

HAMBURGO 175-A
ZONA ROSA
06600 MÉXICO, D.F.
TELS 514 4341
208 0442
FAX 533 3904
L. A S. DE 10-15
Y DE 16-19 HRS

MÉXICO

Galería Maren, con más de 20 años de presencia en el ámbito cultural, se ha dedicado a difundir el arte y a dar oportunidad a nuestros jóvenes artistas mexicanos, así como a pintores ya reconocidos de la talla de Mérida, Zúñiga, Toledo, Nieto, Corzas, etcétera. En estos años ha participado en importantes exposiciones tanto en la ciudad de México, como en Hong Kong, Nueva York y Miami.

Galería Maren, with more than twenty years of experience in the art world, has promoted the work of recognized painters such as Mérida, Zúñiga, Toledo, Nieto, Corzas, among many others, while also giving an opportunity to young Mexican artists. In recent years the gallery has participated in important exhibitions in Mexico City as well as in Hong Kong, New York and Miami.

Galería Metropolitana

Rufino Tamayo
Torso negro, 1976
Mixografía
77 x 57.5 cm

Arnold Belkin

Georges Braque

Gilda Castillo

Alberto Castro Leñero

Francisco Castro Leñero

Miguel Castro Leñero

Martha Chapa

José Luis Cuevas

Enrique Echeverría

Felipe Ehrenberg

Ilse Gradwohl

Carlos Heredia

Sergio Hernández

Magali Lara

Rodolfo Nieto

Luis Nishizawa

Irma Palacios

Gustavo Pérez

Fanny Rabel

Sebastián

Juan Soriano

Rufino Tamayo

Francisco Toledo

Germán Venegas

MEDELLÍN 28
ROMA
06700 MÉXICO, D.F.
TELS 511 2761
511 0809
FAX 511 1707
MA. A D. DE 10-18:30 HRS

MÉXICO

Es propósito del proyecto de difusión cultural de la Universidad Autónoma Metropolitana recuperar, preservar y difundir los valores culturales nacionales y universales en sus diversas manifestaciones estéticas. La Galería Metropolitana de la Universidad Autónoma Metropolitana se inaugura en 1980 con una exposición de Rufino Tamayo y hasta la fecha ha realizado 103 exposiciones con más de 200 artistas. Actualmente forma parte del circuito de galerías de la Universidad: Casa de la Primera Imprenta de América, vestíbulo del teatro Casa de la Paz y Galería Seguros Tepeyac-UAM.

The goal of the Autonomous Metropolitan University's cultural endeavor is to recover, preserve and promote national and international cultural values in their diverse aesthetic manifestations. The Galería Metropolitana of the Autonomous Metropolitan University opened in 1980 with an exhibition featuring the work of Rufino Tamayo and has since held 103 exhibitions of more than 200 artists. It is part of the University's gallery system which includes the First Printing House of the Americas, the lobby gallery in the Teatro Casa de la Paz and the Galería Seguros Tepeyac-UAM.

Galería Mexicana de Diseño

Kirsti Alopaeus

Martin Brown

Ricardo Espino

Ezequiel Farca

Alfredo Gavaldón

Jaime Goded

Matthew Hilton

James Johnston

Federico López Castro

Jorge Mdahuar

Phillipe Starck

Ana Siegel

Marco Vargas

ANATOLE FRANCE 13
POLANCO
11570 MÉXICO, D.F.
TELS 280 0080
280 3709 / 280 9188
FAX 282 2965
L. A V. DE 10-19:30 HRS
S. DE 10-17 HRS

MÉXICO

La Galería Mexicana de Diseño inicia sus actividades con el propósito general de contribuir al fomento y la difusión del diseño en México. Sus funciones principales comprenden la investigación, la representación, la exhibición, la promoción y la comercialización del diseño en todas sus variedades. Mediante el impulso de productos de diseño, en exposiciones individuales o colectivas, la Galería Mexicana de Diseño busca constituirse en un foro abierto a la participación y el diálogo entre los profesionales del diseño, así como servir de enlace entre el diseñador y el cliente. Sus objetivos primordiales son dignificar el diseño mexicano y propugnar por su justa valoración en el mercado.

The Galería Mexicana de Diseño set out with the general aim of contributing to the growth and advancement of design in Mexico. Its activities include research, representation, exhibition, promotion and commercialization of design in all of its manifestations. The work of Mexican designers prompted the gallery to create an open forum to encourage cooperation and dialogue between design professionals, through solo and group exhibitions. The Galería Mexicana de Diseño also strives to serve as a link between designer and client. Its principal aims are to promote Mexican design and defend its fair assessment on the market.

GALERÍA NINA MENOCAL

ZACATECAS 93
ROMA
06700 MÉXICO, D.F.
TELS 564 7443
564 7209
FAX 574 7486
L. A V. DE 9-14
Y DE 15-17 HRS
S. DE 10-14 HRS

MÉXICO

Galería Nina Menocal, antes Ninart, nació del deseo de acercar al público mexicano al arte cubano de vanguardia. En 1989 presentó su primera exposición con los reconocidos artistas Arturo Cuenca y Tomás Sánchez. Otros esfuerzos por construir puentes culturales culminaron con la histórica exposición *15 artistas cubanos*, que —por primera vez en la historia de la Cuba postrevolucionaria— reunió a los artistas más importantes de la Isla así como a los exiliados. La galería ha continuado su misión cultural: ahora representa a artistas de México, Colombia y Argentina —entre otras nacionalidades— y participa regularmente en ferias de arte en México, Estados Unidos y Europa. Las actividades más recientes han sido organizadas en colaboración con el arquitecto mexicano Ricardo Legorreta, el Kulturhuset de Estocolmo, el Institute of Contemporary Art (ICA) de Filadelfia y el Museum of Modern Art (MOMA) de Nueva York, entre otros.

The Galería Nina Menocal (formerly Ninart) was founded with a desire to bring avant-garde Cuban art to the Mexican public. In 1989, the gallery presented the first exhibition of renowned artists Arturo Cuenca and Tomás Sánchez. Other efforts to create cultural dialogues culminated with the historic Mexico City exhibition Fifteen Cuban Artists, *where for the first time in the history of post-revolutionary Cuba, the most important Cuban artists and exiled Cuban artists were reunited. The gallery has continued its cultural mission: today it represents Mexican, Colombian and Argentine artists—among many others—and regularly participates in art fairs in Mexico, the United States and Europe. The gallery's most recent activities were organized in collaboration with the Mexican architect Ricardo Legorreta, the Kulturhuset in Stockholm, the Institute of Contemporary Art (ICA) in Philadelphia and the Museum of Modern Art (MOMA) in New York, among many others.*

Galería OMR

Adolfo Riestra
Cantante con los brazos en alto, 1987
Barro cocido
155 x 53 x 22 cm
Fotografía: Cuauhtli Gutiérrez

Carlos Arias

Mónica Castillo

Miguel Castro Leñero

Laura Cohen

Arturo Elizondo

Flor Garduño

Javier de la Garza

Estela Hussong

Carlos Juarena

Rocío Maldonado

Alonso Mateo

César Núñez

Dulce María Núñez

Manuel Ocampo

Francisco Ochoa

Jaime Palacios

Georgina Quintana

Néstor Quiñones

Melanie Smith

Gerardo Suter

Diego Toledo

Carlos Vidal

Mariana Yampolsky

PLAZA RÍO DE JANEIRO 54
ROMA
06700 MÉXICO, D.F.
TELS 207 1080
525 3095
FAX 533 4244
L. A V. DE 10-15
Y DE 16-19 HRS
S. DE 10-14 HRS

MÉXICO

Fundada en 1983 por Patricia Ortiz Monasterio y Jaime Riestra, es desde entonces la galería identificada con la generación de artistas jóvenes que ha dado un nuevo rostro al arte contemporáneo de México. Entre los artistas que representa están algunos de los pintores, dibujantes, escultores y fotógrafos más sobresalientes de la activa escena artística del país. La galería realiza una intensa labor de divulgación de la obra de sus artistas y del arte mexicano en general. Localizada en una amplia casa de principios de siglo en el corazón de la colonia Roma, impulsó y forma parte medular del proyecto Corredor Cultural de la Roma. La galería representa en forma exclusiva los patrimonios artísticos de Adolfo Riestra (1944-1989) y Luis Ortiz Monasterio (1906-1990).

Established in 1983 by Patricia Ortiz Monasterio and Jaime Riestra, the gallery has since been identified with younger artists who have played an important role in shaping contemporary art in Mexico. Some of the artists represented by the gallery are among the most outstanding painters, sculptors and photographers in Mexico's active art scene. The gallery promotes both the work of its artists and Mexican art in general. Located in what was once an early twentieth-century home in the heart of the Colonia Roma, the gallery helped initiate and continues to actively participate in the project known as The Colonia Roma Cultural Walkway (Corredor Cultural de la Roma). The OMR Gallery is the exclusive representative of the Estate of artist Adolfo Riestra (1944-1989), and of sculptor Luis Ortiz Monasterio (1906-1990).

Galería Óscar Román
Arte y Diseño

Jesús Urbieta
Mar pagano, 1993
Acrílico/tela
190 x 300 cm

Ángel Alcalá

Lourdes Almeida

Jorge Alzaga

Philip Braggar

Estrella Carmona

Agustín Castro

Manuel Centeno

Carlos Fentanes

Luis Filcer

Luis Fracchia

Rodolfo Hurtado

Jorge Marín

Arturo Márquez

Mario Núñez

Agustín Portillo

Óscar Ratto

Álvaro Santiago

Luciano Spanó

Jesús Urbieta

Marco A. Vargas

ANATOLE FRANCE 26
POLANCO
11560 MÉXICO, D.F.
TELS 281 4939
281 5214
FAX 281 5284
L. A V. DE 10:30-15
Y DE 17-19:30 HRS
S. DE 11-14:30 HRS

MÉXICO

Galería Óscar Román es un espacio nuevo que se crea con el fin de promover las diversas manifestaciones de las artes plásticas, tanto en pintura, escultura, fotografía, etcétera. Uno de los objetivos es impulsar a los jóvenes valores y consolidar a los artistas que tienen ya una conocida trayectoria. Galería Óscar Román mantiene una continua relación con instituciones culturales nacionales e internacionales, como el Instituto Nacional de Bellas Artes, el Museo de Arte Moderno, el Museo de Arte Carrillo Gil y el Museo de Arte Contemporáneo (MARCO) de Monterrey, donde algunos de los artistas representados por esta galería han expuesto.

The Galería Óscar Román is a new space created with the goal of promoting the diverse manifestations of the visual arts, such as painting, sculpture, photography, etc. One of its main objectives is to encourage young artists and to consolidate the recognition of artists who have established careers. The Galería Óscar Román maintains continuous relations with national and international cultural institutions, such as the Instituto Nacional de Bellas Artes, the Museo de Arte Moderno, the Museo de Arte Carrillo Gil and the Museo de Arte Contemporáneo de Monterrey (MARCO), where some of the artists represented by the gallery have been exhibited.

GALERÍA PECANINS

FOTOGRAFÍA: JOAQUÍN IBARZ

DURANGO 186
ROMA
06700 MÉXICO, D.F.
TELS 514 0621
207 5661
L. A V. DE 10:30-14:30
Y DE 16-19:30 HRS

MÉXICO

Montse, Tere y Ana María Pecanins iniciaron hace 30 años un especial espacio del arte. Con una visión aguda y selectiva ocupan un lugar importante en la vida y la historia de las artes visuales de México. Su galería ha sido una casa abierta a las innovaciones y a los proyectos audaces. Los artistas que promueven son hoy muy conocidos aquí y en el extranjero. En los años setenta llevaron la pintura mexicana más importante a España. También abrieron un café (La Tecla) y una librería (La Cibeles), siempre con el afán de promover la cultura y hacer de ella una de las mejores partes de la vida cotidiana.

Thirty years ago, Montse, Tere and Ana María Pecanins opened a unique art space. With a keen and selective vision, they have played an important role in the life and history of the visual arts in Mexico. The gallery has been a center for innovations and daring projects. Today, they promote artists who are well-known both nationally and internationally. In the 1970s they brought the most important works of Mexican painters to Spain. They have also opened a café (La Tecla) and a bookstore (La Cibeles) with the same desire to promote culture as one of the most important aspects of daily life.

GALERÍA PRAXIS

SANTIAGO CARBONELL
EL PINTOR PINTANDO EL CUERPO DE SU MODELO
ÓLEO/LINO
120 x 140 CM

Santiago Carbonell

Roberto Cortázar

Diego Guzmán

Ignacio Iturria

Fernando Leal

Antonio Luquín

Mario Martín del Campo

Alejandro Mojica

José Perdomo

Oswaldo Sagástegui

Pablo Szmulewicz

ARQUÍMEDES 175
POLANCO
11570 MÉXICO, D.F.
TELS 254 8813
255 5700
FAX 255 5690
L. A V. DE 10-19:30 HRS
S. DE 10-15 HRS

MÉXICO

Praxis se fundó en Buenos Aires, Argentina, hace 18 años, fijándose como objetivo principal la difusión de pintura latinoamericana en una forma sistemática y permanente en todo el mundo. Este objetivo fue ganando amigos y simpatizantes, lo que ha permitido a la galería en Buenos Aires convertirse en una Fundación y abrir filiales en Chile, Brasil, Perú, México y Estados Unidos, teniendo representaciones y corresponsales en el resto de Latinoamérica, Europa y Japón. La Galería Praxis de México se fundó en 1988 bajo la dirección de Alfredo Ginocchio, cumpliéndose así el anhelo de incorporar a México a la labor que Praxis viene realizando en cuanto a establecer un circuito de comunicación e intercambio entre todas las naciones del continente. El Programa para la Promoción Internacional de la Pintura Latinoamericana se ha venido realizando con más de 300 exposiciones de prestigiados artistas jóvenes y consagrados.

Praxis was founded eighteen years ago in Buenos Aires, Argentina, with the goal of systematically and continuously promoting Latin American painting all over the world. As the gallery gained friends and supporters, it became a foundation with offices in Chile, Brazil, Peru, Mexico and the United States, as well as contacts and representatives in the rest of Latin America, Europe and Japan. The Galería Praxis in Mexico was founded in 1988 under the direction of Alfredo Ginocchio, fulfilling the goal of involving Mexico in Praxis' mission to establish a means of communication and exchange between all of the nations of the continent. Under their program for the international promotion of Latin American painting, they have organized more than 300 exhibitions of renowned young and established artists.

Cartel para la I Bienal de Poesía y Pintura

Carlos Aguirre

Alejandro Colín

Roberto Cortázar

Rafael Doniz

Felipe Ehrenberg

Carlos Fink

Lourdes Grobet

Javier Guadarrama

José A. Hernández Amezcua

Magali Lara

José Cruz Martínez

Víctor Muñoz

Pablo Ortiz Monasterio

Carla Rippey

Arturo Rivera

Jesús Sánchez Uribe

María Eugenia Segovia

Gerardo Suter

Germán Venegas

Boris Viskin

CZDA. DEL HUESO 1100
VILLA QUIETUD
04960 MÉXICO, D.F.
TELS 724 5320
724 5335 / 724 5394
FAX 673 1589
L. A V. DE 9-15
Y DE 15:30-20 HRS

MÉXICO

Ubicada en el interior del plantel de la Universidad Autónoma Metropolitana de Xochimilco, esta galería se considera un espacio privilegiado, no sólo por la oportunidad que le brinda a la comunidad universitaria de convivir con la obra de arte, sino porque desde sus inicios ha logrado un nivel de calidad y de profesionalismo reconocido en el medio cultural de México. Su inquietud ha sido no exponer solamente autores consagrados, sino jóvenes que han tenido propuestas de calidad. Se organizan exposiciones individuales y algunas colectivas unificadas en un tema. Es el caso de la exposición llamada *Fragmentos de un paisaje destrozado* en el que, a partir de un poema de Elsa Cross, se hizo una invitación a artistas de primera calidad. Además de pintura, se ha expuesto fotografía, escultura e instalaciones.

Located within the campus of the Universidad Autónoma Metropolitana de Xochimilco, this gallery is considered a prime space not only because it brings works of art to the university community, but also because it has achieved a high level of quality and professionalism recognized by the Mexican artistic community from the start. The gallery has been interested not only in renowned artists, but also in promising younger artists. It organizes solo exhibitions as well as thematic group shows. This was the case of the exhibition called Fragmentos de un paisaje destrozado *(Fragments of a shattered landscape) in which consummate artists were invited to create works using a poem by Elsa Cross as a point of departure. In addition to painting, the gallery has exhibited photography, sculpture and installations.*

Polifórum Siqueiros

Óscar Bächtold

Alejandra Bello

Alberto Castro Leñero

Ana Cecchi

Gabriel Macotela

Vicente Rojo

INSURGENTES SUR
Y FILADELFIA S/N
NÁPOLES
03810 MÉXICO, D.F.
TEL 536 4520 AL 23
FAX 236 4524
L. A S. DE 10-19 HRS

MÉXICO

Es una construcción única que alberga una agrupación de foros especialmente diseñada para la gestión y el desarrollo de la comunicación humana. El exterior es un dodecágono a manera de diamante multicolor. Posee 11 643 m² de superficie. Sus 12 caras están cubiertas por murales de 250 m² cada uno, que complementan el tema desarrollado por Siqueiros *La marcha de la humanidad en la tierra hacia el cosmos*. El recinto está resuelto en diferentes niveles: el teatro circular Manuel Suárez; el foro nacional, que constituye el elemento clave arquitectónico en la integración del edificio y cuyo fin es la exposición y venta de obras de arte contemporáneo, y el foro universal, con la ya mencionada escultopintura de Siqueiros, que los visitantes pueden observar desde una plataforma circular, giratoria y basculante, con capacidad para 2 000 personas de pie. La escultopintura es enriquecida por el espectáculo de luz y sonido.

The Polifórum Siqueiros is a unique construction that harbors a grouping of forums especially designed for the facilitation and development of human communication. The exterior is a dodecagon shaped like a multi-faceted diamond, set on a base measuring 11,643 square meters. Its twelve sides are covered by murals, each measuring 250 square meters. These murals depict the theme developed by Siqueiros: The March of Humanity from Earth Towards the Cosmos. *The enclosure is divided in different levels: the circular Manuel Suárez theater, the national forum which is a key architectural element to the integration of the building and whose purpose is to exhibit and sell works of contemporary art, and the universal forum with the aforementioned painting-sculpture of Siqueiros which may be viewed by 2,000 visitors from a circular, rotating and tilting platform. The painting-sculpture is enriched by a sound and light show.*

EXPOARTE

FERIA INTERNACIONAL DE GALERÍAS DE ARTE CONTEMPORÁNEO

Foro Internacional
de Teoría sobre
Arte Contemporáneo

EXPOARTE es la Feria Internacional de Galerías de Arte Contemporáneo. Desde 1992 ofrece a galerías, talleres, editoriales, publicaciones e instituciones afines, un espacio adecuado para presentar una rica muestra del arte internacional contemporáneo y actual. Motiva el desarrollo del coleccionismo mediante el estímulo del mercado del arte, apoyando la actividad comercial de las galerías como promotoras de la creación artística, y haciendo posible el libre encuentro entre la oferta de la obra de las galerías y la demanda de coleccionistas públicos y privados de alto nivel. Presenta un panorama de la más reciente producción de la plástica mundial y promueve, mediante programas de convenios recíprocos, el intercambio artístico entre México y el resto del mundo. Durante la Feria se realiza el Foro Internacional de Teoría sobre Arte Contemporáneo (FITAC), que reúne a los artistas, teóricos, académicos y críticos más importantes del arte contemporáneo internacional.

**CIRCUNVALACIÓN
JORGE ÁLVAREZ
DEL CASTILLO 1308
44610 GUADALAJARA,
JALISCO
TELS/FAX (3) 623 7814
(3) 824 5774**

GUADALAJARA

EXPOARTE is an International Fair of Contemporary Art Galleries. Since 1992, it has provided galleries, workshops, editorial houses, publications and fine arts institutions with space to present exhibitions of international contemporary art. EXPOARTE has inspired the development of collections by stimulating the art market, supporting the commercial activity of galleries as promoters of artistic creation and making possible the free interchange between the supply of gallery works and the demands of first-rate private and public collectors. It provides a panorama of the most recent international production of visual arts and promotes artistic exchange between Mexico and the world through a program of reciprocal agreements.The International Forum on Contemporary Art Theory also takes place during the Fair, uniting the most important artists, theorists, academics and critics in the international contemporary art world.

GALERÍA AZUL
DE FELIPE COVARRUBIAS

INDEPENDENCIA 947
SECTOR HIDALGO
44200 GUADALAJARA,
JALISCO
TEL (3) 626 2684
FAX (3) 626 9190
L. A V. DE 11-14
Y DE 17-21:30 HRS

GUADALAJARA

Azul, de la mano de Felipe Covarrubias, ha convertido sus pequeños salones en vastos campos de acción, en los que personajes centrales del mundo de la arquitectura, el diseño, la fotografía y la poesía han impartido cursos y seminarios; en los que las exposiciones de pintura, escultura, fotografía, caricatura, artesanías y artes aplicadas se suceden en tropel, con altos niveles de calidad. La galería organiza, y entre los mangos y los arrayanes de su patio azul es posible encontrarse con otros interesados en el arte. La Galería Azul fue fundada hace 11 años por Felipe Covarrubias quien antes impulsara la empresa de diseño gráfico Arcoiris, la revista de diseño *Magenta* y el taller de impresión Índigo.

*T*he Galería Azul, run by owner Felipe Covarrubias, has transformed its small rooms into vast fields of action where central figures from the world of architecture, design, photography and poetry have offered courses and seminars. The gallery hosts a whirlwind calendar of expositions of painting, sculpture, photography, caricature, manual crafts and the applied arts with surprisingly high commitments to quality. The gallery encourages the gathering of art enthusiasts among the mango and myrtle trees of its blue patio. The Galería Azul was founded eleven years ago by Felipe Covarrubias, who formerly directed Arcoiris, a graphic design enterprise, the magazine of design, Magenta, *and the Índigo print workshop.*

GALERÍA RAMIS F. BARQUET

Julian Schnabel
Sin título (Vista de atardecer en los trópicos), 1993
Óleo/tela
221 x 180 cm

MONTES ROCALLOSOS 5050
TORRE ÁBACO 9º PISO
66220 GARZA GARCÍA
TELS (8) 363 2802
(8) 363 3182
FAX (8) 363 3838
L. A V. DE 9-14
Y DE 15-18 HRS

MONTERREY

Desde sus inicios, hace siete años, la Galería Ramis Barquet creó vínculos internacionales con prestigiadas personalidades y entidades análogas, por medio de los cuales ha desarrollado una intensa labor de difusión, que en un sentido se proyecta desde dentro del ámbito cultural nacional hacia afuera y, en el otro, introduce en nuestro contexto, por primera vez a título personal, la obra de artistas ampliamente reconocidos como Mimmo Paladino y Louise Bourgeois. Su esfuerzo por promover la obra de artistas latinoamericanos contemporáneos es cada vez más visible por su continua participación en las ferias internacionales de arte. Gracias a su actividad e influencia, se ha afianzado el coleccionismo en la ciudad de Monterrey, lugar donde se halla su sede y, paralelamente, está conformando un banco de documentación y consulta como fuente esencial para la comprensión y el estudio especializado del arte contemporáneo

Since its founding seven years ago, the Galería Ramis Barquet has created international links with prestigious personalities and analogous entities. Through these it has developed an intense promotional effort, which is generated both from within the national cultural sphere outward, and in the introduction of internationally recognized figures to Mexico, such as Mimmo Paladino and Louise Bourgeois. Its effort to promote the work of contemporary Latin American artists is increasingly more visible in its continuing participation in various international art fairs. With its influence and activity, it has stimulated collectors in the city of Monterrey where its main headquarters are located. It is also establishing a data bank as an essential resource for the understanding and specialized study of contemporary art.

Arte de Oaxaca

Rodolfo Morales
Siete rostros
Óleo/tela
88 x 68 cm

MURGUÍA 105
CENTRO
68000 OAXACA,
OAXACA
TEL (951) 41 532
FAX (951) 40 910
L. A V. DE 11-15
Y DE 17-21 HRS
S. DE 11 A 15 HRS

OAXACA

Ésta no es una galería más en la ciudad de Oaxaca, es una galería que abre sus puertas con el propósito de mostrar las más encumbradas manifestaciones del genio pictórico oaxaqueño y a la vez de promover a un numeroso y creciente grupo de artistas jóvenes nacidos en esta tierra. Se trata de la materialización de un sueño de Nancy Mayagoitia y Dora Luz Martínez: ofrecer un gozo al espíritu, que conduzca al espectador a adquirir una pieza que asegure la permanencia de ese gozo. En esta galería, en los pintores que expongan, se verá que el viejo pintor no muere en el pintor joven. Toda la historia de Oaxaca quedará manifiesta en cada obra que Arte de Oaxaca presente hoy y en el futuro.

*T*his is not just another gallery in the city of Oaxaca, it is a gallery that opened its doors with the dual purpose of displaying the most exalted manifestations of the Oaxacan school of painting and at the same time aims to promote a growing group of young artists born in this region. The gallery is the realization of a dream conceived by Nancy Mayagoitia and Dora Luz Martínez: to render the spirit a pleasure that can only be sustained with the acquisition of a work of art. The pieces exhibited in this gallery disprove the saying that an older artist dies in the young. All of Oaxacan history is manifest in each work that Arte de Oaxaca presents today and in the future.

LA MANO MÁGICA

ARNULFO MENDOZA
EL ARMADILLO Y SU MANJAR, 1992
ÓLEO/TELA
80 X 105 CM
COLECCIÓN: LA MANO MÁGICA

Alfonso Castillo

Maximino Javier

Moisés Jiménez

Rubén Leyva

Emiliano López

Arnulfo Mendoza

Felipe Morales

Álvaro Santiago

Angélica Vásquez

En 1987 esta galería abrió las antiguas puertas talladas de su casona colonial con el propósito de ser un puente entre las ricas tradiciones de las artes plásticas y el arte popular. Comprar en La Mano Mágica es aprender. Los propietarios, Mary Jane Gagnier de Mendoza y Arnulfo Mendoza, comparten con pasión sus conocimientos de las varias expresiones artísticas. Las primeras salas de la galería están reservadas a las artes plásticas, sobre todo a la pintura actual oaxaqueña. También cuenta con una amplia selección de obra gráfica. Las siguientes salas están dedicadas al arte popular. La Mano Mágica es representante exclusivo de los finos tapices y tapetes del taller de Arnulfo Mendoza. La galería mantiene un calendario de exposiciones individuales y cada año monta una exposición extraordinaria para el Día de Muertos con conferencias y eventos especiales.

In 1987, the ancient handcrafted doors of this colonial mansion were opened with the purpose of becoming a bridge between the rich tradition of the visual and manual arts. A visit to La Mano Mágica is a learning experience. Proprietors Mary Jane Gagnier de Mendoza and Arnulfo Mendoza passionately share their knowledge of many artistic expressions. The first rooms of the gallery are reserved for paintings, especially contemporary Oaxacan painting. There is also a wide selection of works on paper. The remaining rooms are dedicated to popular art. La Mano Mágica is the exclusive representative of the fine tapestries and rugs from Arnulfo Mendoza's workshop. The gallery maintains a calendar of solo shows and each year organizes an extraordinary exhibition for Day of the Dead with lectures and special events.

Directorio de Galerías

**Aeropuerto Internacional
de la Ciudad de México**
Bulevar Aeropuerto
Aviación
México, D.F.
Teléfono 571 3600
Abierto las 24 horas

Andrés Siegel/Arte
Av. Veracruz 40
Condesa/Roma
06700 México, D.F.
Teléfono 286 4818
Fax 286 4837
L. a V. de 10 a 14 y de 16 a 19 horas
S. de 11 a 15 horas

Arte Núcleo Galeria
Edgar Allan Poe 308
Polanco
11560 México, D.F.
Teléfonos 531 2905, 254 3732
Fax (925) 254 1942
L. a V. de 10 a 19 horas
S. de 10 a 15 horas

Artediciones
Víctor Hugo 72
Anzures
11590 México, D.F.
Teléfono 525 0123
Fax 208 1922

**Asociación Mexicana de Comerciantes
en Arte y Antigüedades, A.C.**
Edgar Allan Poe 308
Polanco
11560 México, D.F.
Teléfonos 255 4043, 203 6046
Fax 254 1949
L. a V. de 10 a 19 horas

Casa de la Cultura Jesús Reyes Heroles
Francisco Sosa 202
Barrio de Santa Catarina
Coyoacán
04000 México, D.F.
Teléfonos 658 5300, 658•5271, 658 5519

Fax 658 5223
L. a S. de 9 a 15 y de 15:30 a 21 horas
D. de 9 a 20 horas

Casa de la Cultura México-Japón
Fujiyama 144
Las Águilas
01710 México, D.F.
Teléfonos 593 1444, 651 9382
Fax 664 1500
Ma. a D. de 10 a 17 horas

Casa de la Cultura Tlalpan
Camino a Santa Teresa
Bosque de Tlalpan
14001 México D.F.
Teléfono/Fax 606 3839
L. a V. de 8 a 13 y de 15 a 21 horas
S. y D. de 9 a 18 horas

Casa del Poeta
Álvaro Obregón 73
Roma
06700 México, D.F.
Teléfonos 533 5456, 207 9336
L. a S. de 11 a 19 horas

Casona II
Secretaría de Hacienda y Crédito Público
Hidalgo 7
Centro Histórico
06050 México, D.F.
Teléfono 228 4021
L. a D. de 10 a 18 horas

Centro Cultural Alejandría
Mitla 200
Narvarte
03020 México, D.F.
Teléfono 590 1710
L. a V. de 10 a 18 horas

Centro de Cultura Casa Lamm
Álvaro Obregón 99
Roma
06700 México, D.F.
Teléfonos 5 14 4899, 514 3918, 525 3938
Fax 525 5141
L. a S. de 10 a 19 horas

Centro Cultural Hacienda
Guatemala 8
Centro Histórico
06020 México, D.F.
Teléfonos 521 5366, 510 0012
L. a V. de 9 a 20 horas

Centro Cultural Helénico
Av. Revolución 1500
San Ángel
01020 México D.F.
Teléfono 662 8674
Fax 662 8664
L. a V. de 9 a 18 horas
S. y D. de 10 a 14 horas

Centro Cultural Isidro Fabela
Plaza de San Jacinto 15
San Ángel
01000 México, D.F.
Teléfono 616 2711
Fax 550 9286

Centro Cultural José Martí
Av. Hidalgo y Dr. Mora
Centro Histórico
06050 México D.F.
Teléfonos 521 2115, 518 1496
L. a V. de 9 a 20 horas
S. de 10 a 15 horas

Centro Cultural Juan Rulfo
Campana y A. Rodin
Insurgentes Mixcoac
03920 México, D.F.
Teléfono 598 1656
L. a V. de 9 a 21 horas

Centro Cultural San Ángel
Av. Revolución esquina Francisco I. Madero
San Ángel
01000 México, D.F.
Teléfonos 616 1254, 6160503
Fax 550 3191
L. a D. de 9 a 21 horas

Club Fotográfico de México
Londres 75-103, 1er piso
Juárez
06600 México, D.F.
Teléfono/Fax 525 4330
L. a V. de 10 a 21 horas
S. de 10 a 14 horas

Corredor Cultural de la Roma
Informes
Teléfonos 207 1080, 564 7443, 514 4592
514 4899

Ediciones Contemporáneas Viart
Calderón de la Barca 72-pa
Polanco
11560 México, D.F.
Teléfono 281 5775
Fax 281 3478

Galería 10/10
Séneca 114
Polanco
11540 México, D.F.
Teléfonos 280 4438, 280 1263, 282 2590
282 2707
Fax 282 2354
L. a V. de 10 a 15 y de 16:30 a 19 horas

La Galería
Vasco de Quiroga 3800
Vista Hermosa
Cuajimalpa
05109 México, D.F.
Teléfono 257 9200 ext. 6306
D. a V. de 11 a 20 horas
S. de 11 a 21 horas

Galería A. Cristóbal
Hamburgo 165-b
Zona Rosa
06600 México, D.F.
Teléfono 207 1848
Fax 207 7934

Galería Alberto Misrachi
Presidente Masaryk 523
Polanco
11560 México, D.F.
Teléfonos 280 2967, 280 2324, 280 1558
Fax 280 1108
L. a V. de 10:30 a 15 y de 16 a 19:30 horas
S. de 10:30 a 14 horas

Galería Art Forum
Bosques de Duraznos 65-301-b
Bosques de las Lomas
11700 México, D.F.
Teléfono 596 6434
Fax 596 5964
L. a V. de 9 a 16:30 horas

GALERÍA ALEXANDRA
Anatole France 130-PB
Polanco
11560 México, D.F.
Teléfono 280 0766
Fax 280 2516

GALERÍA ARCÁNGEL
Lope de Vega 249-A
Polanco
11560 México, D.F.
Teléfono 545 3235

GALERÍA ARTENCIÓN
Bosque de Nogales 116
Bosques de las Lomas
México, D.F.
Teléfono 251 9797, 51 2545
L. a V. de 10 a 18 horas

GALERÍA DE ARTE ALFREDO ATALA BOULOS
Barranca del Muerto esquina 2 de Abril
Florida
03940 México, D.F.
Teléfono 228 9933 ext. 270
Fax 663 4459
L. a D. de 10 a 14 y de 16 a 19 horas

GALERÍA DE ARTE MEXICANO
Gobernador Rafael Rebollar 43
San Miguel Chapultepec
11850 México, D.F.
Teléfonos 273 1261, 272 5529, 515 1636
272 5696
Fax 272 5583
L. a V. de 10 a 19 horas
S. de 10 a 14 horas

GALERÍA DE ARTE MISRACHI
La fontaine 243
Polanco
11550 México, D.F.
Teléfonos 250 4105, 254 4902
Fax 254 4902
L. a V. de 10 a 14 y de 15 a 19 horas
S. de 11 a 14 horas

GALERÍA ARTES PLÁSTICAS INTERNACIONALES
Paseo de la Reforma 325, local 9
Hotel María Isabel Sheraton
Cuauhtémoc
06600 México, D.F.
Teléfono 514 1510
L. a V. de 10 a 15 horas y de 16 a 19 horas

GALERÍA DE ARTE SOBRE RUEDAS
Calzada de los Leones 248-5
Alpes
01710 México, D.F.
Teléfono 660 6279
Fax 680 0598
L. a V. de 9:30 a 19 horas
S. de 9:30 a 13:30 horas

GALERÍA ARVIL
Cerrada de Hamburgo 7 y 9
Zona Rosa
Juárez
06600 México, D.F.
Teléfonos 507 2647, 207 3056, 207 2820
207 2900
Fax 207 3994
L. a V. de 10 a 14:30 y 16 a 19 horas
S. de 10 a 15 horas

GALERÍA AURA
Amberes 38-PB
Zona Rosa
Juárez
06600 México, D.F.
Teléfonos 208 9679, 208 9504
Fax 533 20 25
L. a V. de 10:30 a 14:30 y de 16 a 20 horas

GALERÍA AZZUL ESPACIO
Nuevo León 22, 4º piso
Condesa
06140 México, D.F.
Teléfono/Fax 207 7103
L. a V. de 9:30 a 15:30 horas

GALERÍA BAZAR SÁBADO
Plaza San Jacinto 11
San Ángel
01000 México, D.F.
Teléfonos 616 0082, 550 7944
S. de 10 a 19 horas

GALERÍA CASA DEL LAGO
Bosque de Chapultepec
1ª Sección de Chapultepec
11850 México, D.F.
Teléfonos 553 6318, 553 6362
Fax 228 2605
L. a D. de 9 a 21 horas

GALERÍA COYOACÁN
Fernández Leal 58
Barrio de La Conchita

Coyoacán
04000 México, D.F.
Teléfono 659 73 69
L. a V. de 10 a 14 y de 16 a 19 horas

GALERÍA ENRIQUE ROMERO
Polanco 8, local D
Polanco
11580 México, D.F.
Teléfonos 250 2614, 250 2747
Fax 255 5371
L. a V. de 10 a 15 y de 17 a 19 horas
S. de 11 a 14 horas

GALERÍA ESTELA SHAPIRO
Víctor Hugo 72
Anzures
11590 México, D.F.
Teléfonos 25 0123, 525 0326
Fax 208 1922
L. a V. de 10 a 14 y 16 a 20 horas
S. de 10 a 14 horas

GALERÍA ESTRASBURGO
Belgrado 19, local B
Juárez
Zona Rosa
06600 México, D.F.
Teléfono 207 6261

GALERÍA FRIDA KAHLO
Jalapa 213
Roma
06700 México, D.F.
Teléfono 574 1322
Fax 574 5971
L. a V. de 10 a 14:20 horas

GALERÍA DE GOYA
Presidente Masaryk 379
Polanco
11560 México, D.F.
Teléfono 280 1247
Fax 280 3960

GALERÍA DE GREEN DOOR
San Cosme 133
Santa María la Ribera
06400 México, D.F.
Teléfono 546 8005
Fax 566 6131
L. a V. de 9 a 17 horas
S. de 9 a 13:30 horas

GALERÍA GUNTHER GERZSO
CINETECA NACIONAL
Av. México a Coyoacán
Xoco
03330 México, D.F.
Teléfono 688 3852
Fax 688 4211
Ma. a D. de 16 a 21 horas

GALERÍA HB
Altavista 106
San Ángel
01000 México, D.F.
Teléfonos 616 1269, 550 3211
Fax 550 3211
L. a V. de 10 a 14 y de 16 a 19 horas
S. de 10 a 14 horas

GALERÍA LAS JAULAS
Emilio Castelar y Alejandro Dumas
Parque Lincoln
Polanco
México, D.F.
Teléfono 533 2798
L. a V. de 11 a 18 horas

GALERÍA JEANETTE MONDRAGÓN
Lope de Vega 249-A
Polanco
11560 México, D.F.
Teléfono 520 7703
Fax 202 0368

GALERÍA JOSÉ MARÍA VELASCO
Peralvillo 55
Morelos
06200 México, D.F.
Teléfono 526 9157
Ma. a S. de 10 a 18 horas
D. de 10 a 17 horas

GALERÍA JUAN MARTÍN
Charles Dickens 33-B
Polanco
11560 México, D.F.
Teléfonos 280 8212, 280 0277
L. a V. de 10:30 a 14:30 y
de 16:30 a 19:30 horas
S. de 10:30 a 14:30 horas

GALERÍA KIN
Altavista 92
San Ángel

01000 México, D.F.
Teléfonos 550 86 41, 550 8910
L. a V. de 10 a 19 horas
S. y D. de 11 a 17 horas

GALERÍA LÓPEZ QUIROGA
Presidente Masaryk 379
Polanco
11530 México, D.F.
Teléfonos 280 4053, 280 6218, 280 3297
280 3710, 280 1247
Fax 280 3960
L. a V. de 10 a 14 y de16 a 20 horas
S. de 10 a 14 horas

GALERÍA LOS TALLERES
Francisco Sosa 29
Del Carmen Coyoacán
04000 México, D.F.
Teléfonos 658 8639, 658 7288
Ma. a D. de 10 a 19:30 horas

GALERÍA LOURDES CHUMACERO
Estocolmo 34
Zona Rosa
Juárez
06600 México, D.F.
Teléfono 514 0646
Fax 525 4413
L. a V. de 11 a 15 y de 16 a 19:30 horas
S. de 12 a 14 horas

GALERÍA MAREN. ARTE MODERNO
Hamburgo 175-A
Zona Rosa
Juárez
06600 México, D.F.
Teléfonos 208 0442, 533 3904, 514 4341
Fax 533 3904
L. a S. de 10 a 15 y de 16 a 19 horas

GALERÍA METROPOLITANA
Medellín 28
Roma
06700 México, D.F.
Teléfonos 511 2761, 511 0809
Fax 511 1707
Ma. a D. de 10 a 18:30 horas

GALERÍA MEXICANA DE DISEÑO
Anatole France 13
Polanco
11570 México, D.F.

Teléfonos 280 0080, 280 3709, 280 9188
Fax 282 2965
L. a V. de 10 a 19:30 hrs
S. de 10 a 17 horas

GALERÍA MEXICANOS
Dinamarca 44-A
Plaza Washington
Juárez
06600 México, D.F.
Teléfono/Fax 546 8047
L. a V. de 10:30 a 14 y de 16 a 19 horas
S. de 10:30 a 14 horas

GALERÍA MORANDI
Bosques de Duraznos 187, local 29
Bosques de las Lomas
11700 México, D.F.
Teléfono/Fax 596 1307
L. a V. de 10 a 15 y de 16 a 19 horas
S. de 10 a 14 horas

GALERÍA MUSÉE CASA DE ARTE
Presidente Masaryk 393
Polanco
México, D.F.
Teléfono 281 4686
L. a V. de 10 a 20 horas
S. de 10 a 13 horas

GALERÍA NAVARRO
Gutenberg 186
Anzures
11590 México, D.F.
Teléfono/Fax 255 0440
L. a S. de 10:30 a 15 y de 16 a 19 horas

GALERÍA NINA MENOCAL
Zacatecas 93
Roma
06700 México, D.F.
Teléfonos 564 7443, 564 7209
Fax 574 7486
L. a V. de 9 a 14 y de 15 a 17 horas
S. de 10 a 14 horas

GALERÍA OMR
Plaza Río de Janeiro 54
Roma
06700 México, D.F.
Teléfonos 207 1080, 525 3095
Fax 533 4244
L. a V. de 10 a 15 y de 16 a 19 horas
S. de 10 a 14 horas

Galería Óscar Román. Arte y Diseño
Anatole France 26
Polanco
11560 México, D.F.
Teléfonos 281 4939, 281 5214
Fax 281 5284
L. a V. de 10:30 a 15 y de 17 a 19:30 horas
S. de 11 a 14:30 horas

Galería Pecanins
Durango 186
Roma
06700 México, D.F.
Teléfonos 514 0621, 207 5661
L. a V. de 10:30 a 14:30 y de 16 a 19:30 horas

Galería del Péndulo
Nuevo León 115
Condesa
06100 México, D.F.
Teléfono 286 9493
Fax 286 9783

Galería de Pinturas Cristóbal
Hamburgo 165-B
Juárez
06600 México, D.F.
Teléfono 207 1484
Fax 207 7934
L. a S. de 11 a 14 y de 16 a 19 horas

Galería Praxis
Arquímedes 175
Polanco
11570 México, D.F.
Teléfonos 254 8813, 255 5700
Fax 255 5690
L. a V. de 10 a 19:30 horas
S. de 10 a 15 horas

Galería Proarte
Centenario 76
Del Carmen Coyoacán
04100 México, D.F.
Teléfono 658 2792

Galería Reforma
Paseo de la Reforma 340
Lomas de Chapultepec
11000 México, D.F.
Teléfonos 696 6022, 696 0144, 590 3928
Fax 520 4353
L. a S. de 10:30 a 20 horas

Galería San Ángel
Juárez 2
San Ángel
01000 México, D.F.
Teléfono 616 0644
Fax 616 2976
L. a S. de 10 a 19 horas

Galería del Sur UAM/Xochimilco
Calzada del Hueso 1100
Villa Quietud
04960 México, D.F.
Teléfonos 724 5320, 724 5335, 724 5394
Fax 673 1589
L. a V. de 9 a 15 y de 15:30 a 20 horas

Galería Tlalpalli
Santa Catarina 207
San Ángel Inn
01060 México, D.F.
Teléfono 616 2663
Fax 550 3040
L. a S. de 10 a 19 horas

Galería Torre del Reloj
Emilio Castelar y Edgar Allan Poe
Polanco
México, D.F.
L. a V. de 11 a 15 y de 17 a 19 horas

Galería Zona. Espacio de Artistas
José Martí 265
Escandón
11800 México, D.F.
Teléfono 273 8262
L. a V. de 11 a 14 y 16 a 19 horas
S. de 11 a 14 horas

Instituto Francés de América Latina
Río Nazas 43
Cuauhtémoc
06500 México, D.F.
Teléfono 566 0777 al 80
Fax 535 1523
Ma. a V. de 10 a 14 y de 16 a 19 horas

Polifórum Siqueiros
Insurgentes Sur y Filadelfia s/n
Nápoles
03810 México, D.F.
Teléfono 536 4520 al 23
Fax 536 4524
L. a S. de 10 a 19 horas

SALÓN DE LA PLÁSTICA MEXICANA I
Colima 196
Roma
06700 México, D.F.
Teléfonos 514 4592, 511 6720
Fax 525 72 74
L. a V. de 10 a 19 horas
S. de 10 a 14 horas

SALÓN DE LA PLÁSTICA MEXICANA II
Donceles 99
Centro Histórico
06020 México, D.F.
Teléfonos 789 1957, 789 3100
L. a D. de 10 a 17 horas

SUMMA ARTIS
Campos Elíseos 218, local B a 3
Polanco
11560 México, D.F.
Teléfono 281 0692
Fax 281 0028
L. a V. de 11 a 14 y de 16 a 20 horas
S. de 11 a 14 horas

GUADALAJARA

ARENA MÉXICO
Contreras Medellín 288
Sector Hidalgo
44200 Guadalajara, Jalisco
Teléfonos (3) 615 0337, (3) 613 3857
(3) 613 3772
Fax (3) 615 3985
L. a V. de 9 a 19 horas

CENTRO DE ARTE MODERNO DE GUADALAJARA
Sao Paulo 2045
Fraccionamiento Providencia
44620 Guadalajara, Jalisco
Teléfono (3) 641 1238, (3) 817 4783
Fax (3) 817 4644
L. a V. de 11 a 14 y de 17 a 20 horas
S. de 11 a 15 horas

EXPOARTE
Jorge Álvarez del Castillo 1308
44610 Guadalajara, Jalisco
Teléfono (3) 623 7814
Fax (3) 624 5774

GALERÍA ALEJANDRO GALLO
Justo Sierra 2150
Sector Hidalgo
44600 Guadalajara, Jalisco
Teléfonos (3) 615 1363, (3) 616 3547
Fax (3) 615 2927
L. a V. de 10 a 14 y de 16 a 20 horas

GALERÍA AZUL
Independencia 947
Sector Hidalgo
44200 Guadalajara, Jalisco
Teléfono (3) 626 2684
Fax (3) 626 9190
L. a V. de 11 a 14 y de 17 a 21:30 horas

GALERÍA JORGE ÁLVAREZ
Avenida D 715
Seattle
45150 Zapopan, Jalisco
Teléfono/Fax (3) 633 1750
L. a V. de 16 a 20 horas

GALERÍA RASSIGA
Alfredo R. Plascencia 107
Sector Hidalgo
44600 Guadalajara, Jalisco
Teléfono (3) 616 1767
Fax (3) 616 1767

GALERÍA SÁNCHEZ VILLANUEVA
Pablo Neruda 2520-B
Fraccionamiento Providencia
44620 Guadalajara, Jalisco
Teléfono (3) 640 2977
Fax (3) 642 0816
L. a V. de 10 a 13 y de 16:30 a 19 horas
S. de 10 a 13 horas

GALERÍA VÉRTICE
López Cotilla 2285
44120 Guadalajara, Jalisco
Teléfono/Fax (3) 630 1330
L. a V. de 10 a 14 y de 16 a 19 horas

TALLER MEXICANO DE GOBELINOS
Contreras Medellín 288
Sector Hidalgo
Zona Centro
44200 Guadalajara, Jalisco
Teléfono (3) 613 3772
Fax (3) 615 0337
L. a V. de 9 a 17 horas
S. de 9 a 13 horas

MONTERREY

Centro Cultural Plaza Fátima
Av. San Pedro y Vasconcelos
Del Valle
66220 Monterrey, N.L.
Teléfonos/Fax (8) 335 6099, (8) 335 6193
(8) 356 5693
Ma. a D. de 10 a 20 horas

La Buhardilla
Zaragoza 351
Garza García
66230 San Pedro Garza García, N.L.
Teléfonos (8) 338 8857, (8) 338 04 67
Fax (8) 338 0778

Galería Arte Actual Mexicano
Danubio 125 Poniente
Del Valle
66220 San Pedro Garza García, N.L.
Teléfonos (8) 356 1363, (8) 378 0607
Fax (8) 335 7844
L. a V. de 10 a 13:30 y de 16 a 19 horas

Galería Drexel
Colina Azul 230-A
Colinas de la Sierra Madre
Monterrey, N.L.
Teléfonos/Fax (8) 37 881
L. a V. de 9 a 13:30 y de 15 a 19 horas
S. de 10 a 14 horas

Galería Ramis F. Barquet
Montes Rocallosos 5050
Torre Ábaco, 9º piso
Residencial San Agustín
66220 San Pedro Garza García, N.L.
Teléfonos (8) 363 2802, (8) 363 3182
Fax (8) 363 3838
L. a V. de 9 a 14 y de 15 a 18 horas

OAXACA

Arte de Oaxaca
Murguía 105
Centro
68000 Oaxaca, Oax.
Teléfonos (951) 40 910, (951) 41 532
L. a V. de 11 a 15 y de 17 a 21 horas
S. de 11 a 15 horas

Galería La Mano Mágica
Macedonio Alcalá 203
Centro
68000 Oaxaca, Oax.
Teléfono/Fax (951) 642 75
L. a S. de 10 a 13:30 y de 16 a 19:30 horas

Galería Quetzalli
Macedonio Alcalá 307
Andador Turístico
68000 Oaxaca, Oax.
Teléfonos (951) 426 06, (951) 400 30
Fax (951) 407 35
L. a S. de 11 a 14 y de 17 a 20 horas

Directorio Casas de Subastas

Christie's
Eugenio Sue 65
Polanco
11560 México, D.F.
Teléfonos (525) 281 0190, 280 9804, 281 0688
282 0417
Fax (525) 281 3088
L. a J. de 9 a 14 y de 16 a 18 horas
V. de 9 a 15:30 horas

Louis C. Morton. Casa de Subastas
Monte Athos 179
Lomas Virreyes
11000 México, D.F.
Teléfonos 520 5005, 540 34 31, 202 9936
540 3215
Fax 540 3213
L. a V. de 10 a 14 y de 15:30 a 19 horas
S. de 11 a 14 horas

Rafael Matos. Casa de Subastas
Leibnitz 204
Anzures
11590 México, D.F.
Teléfonos 531 0199, 531 8475, 202 6051
202 6447
Fax 202 6066
L. a V. de 10 a 14 y de 16 a 19 horas
S. de 10 a 14:30 horas

Sotheby's
Kepler 189
Anzures
11590 México, D.F.
Teléfonos 531 0595, 531 0595, 531 35357
Fax 545 6971
L. a V. de 10:30 a 14 y de 17 a 19 horas

ARTES DE MEXICO

VISÍTENOS.

Conozca personalmente
nuestras ediciones en

Plaza Río de Janeiro 52
Colonia Roma, México D.F.

o suscríbase por teléfono al
(525)   525 40 36   525 59 05
o por fax al   (525)   525 59 25

MUSEOS
FUNDACIONES

Antiguo Colegio de San Ildefonso

Patio principal
Fotografía: Laura Cohen

El origen del Colegio de San Ildefonso se remonta al siglo XVI. Aun cuando tuvo como finalidad principal la de hospedar a los estudiantes universitarios del Colegio Máximo que la Compañía de Jesús tenía en la ciudad de México, también albergó a niños de familias criollas y españolas y otorgó algunas becas para niños mestizos. Fue inaugurado en 1588 durante el gobierno del virrey Álvaro Manrique de Zúñiga y su construcción fue tan notable que se decía que "casi ninguna persona viene a México, que no se huelgue de visitar el Colegio". El aumento de la población estudiantil y el crecimiento en prestigio e importancia de la institución, provocó que en la primera mitad del siglo XVIII se reedificara el colegio. A raíz de la expulsión de los jesuitas —por orden real de Carlos III del 26 de junio de 1767—, el Colegio de San Ildefonso cambió

JUSTO SIERRA 16
CENTRO HISTÓRICO
06000 MÉXICO, D.F.
TELS 789 2505
702 2834 / 702 3254
FAX 702 5223
MA. A D. DE 10-18 HRS

MÉXICO

sigue en pág. 95

CIUDAD DE MEXICO
DDF

Consejo Nacional
para la
Cultura y las Artes

The origin of the Colegio of San Ildefonso dates back to the sixteenth century when its primary function was to accommodate those university students attending the Colegio Máximo run by the Society of Jesus in Mexico City. It housed children of criollo and Spanish families as well as those mestizo children who were awarded scholarships to attend the school. Inaugurated in 1588 during the viceregal government of Álvaro Manrique de Zúñiga, its construction was so impressive that it was said "there is almost no one coming to Mexico who does not make a point of visiting the school." The growth of the student population and an increase in the school's prestige and importance prompted its renovation in the first half of the eighteenth century. After the expulsion of the Jesuits—by a royal decree of Charles III dated June 26, 1767—the

con't on p. 95

Fotografía: Gabriel Figueroa Flores

varias veces de propietario y de funciones, llegando incluso a utilizarse como cuartel del Regimiento de Flandes, como escuela de Medicina y como Universidad, hasta que en 1864 el emperador Maximiliano lo devolvió a los jesuitas. Al siguiente año cambió a escuela de estudios base para la educación superior, que fuera antecedente de la Escuela Nacional Preparatoria, creada por Gabino Barreda y como tal pasó a manos de la Universidad Nacional en 1929, cuando ésta obtuvo su autonomía. El edificio continuó como sede de la Escuela Nacional Preparatoria hasta 1980 y actualmente forma parte del patrimonio universitario. El 25 de noviembre de 1993 fue reinaugurado este recinto con la muestra *México: Esplendores de treinta siglos*. A partir de entonces el edificio se ha convertido en uno de los espacios más atractivos del Centro Histórico, tanto por la belleza propia del inmueble, como por la calidad de sus exposiciones.

Colegio San Ildefonso changed both proprietor and use various times. It operated as a military quarters for the Flanders Regiment, a medical school and a university among other functions until 1864 when Emperor Maximilian returned the building to the Jesuits. The following year it was converted to a school of higher education, the precursor of the National Preparatory School founded by Gabino Barreda. In 1929, it came under the ownership of the National University when the latter became autonomous. The building continued to house the National Preparatory School until 1980 and now forms part of the university's patrimony. On November 25, 1992 the museum was inaugurated with the exhibition Mexico: Splendors of Thirty Centuries. *Since its reopening, the building has become one of the most attractive spaces in the Historic Center, as much on account of its own beauty as for the quality of its exhibitions.*

Casa-Museo Luis Barragán

Residencia de Barragán
Biblioteca
Francisco Ramírez 14
Tacubaya
México, D.F.
Fotografía: Marco Valdivia

La casa de Luis Barragán, construida en 1947, representa una de las obras arquitectónicas de mayor trascendencia en el contexto mexicano. Propiedad del gobierno de Jalisco y de la Fundación de Arquitectura Tapatía, A.C., este inmueble, conservado con fidelidad de la misma manera como Barragán solía habitarlo, encierra un importantísimo testimonio cultural y artístico. Además de la arquitectura en sí misma, el patrimonio incorpora colecciones significativas: Jesús Reyes Ferreira, Miguel Covarrubias y arte mexicano de los siglos XVI al XX. Este acervo cuenta además con instalaciones adjuntas —que constituían el taller del arquitecto— y que posibilitan la realización de conferencias, presentaciones, exposiciones y otras actividades. El conjunto tiene personal capacitado que está a cargo de las visitas y el acceso a los acervos, mediante solicitud previa.

FRANCISCO RAMÍREZ 14
TACUBAYA
11870 MÉXICO, D.F.
TEL 515 4908

MÉXICO

The residence of Luis Barragán, built in 1947, represents one of the most important architectural works in Mexico. The house now belongs to the Government of Jalisco and the Fundación de Arquitectura Tapatía, A.C. (The Guadalajara Architecture Foundation). Faithfully preserved as conceived by Barragán when it was his residence, it houses an extremely important artistic and cultural testimony. In addition to the architecture itself, the Barragán estate includes significant collections: Jesús Reyes Ferreira, Miguel Covarrubias and Mexican art from the sixteenth to the twentieth centuries. The facilities include an annex—which served as the architect's studio workshop—for conferences, book presentations, exhibitions and other activities. The museum has an informed staff in charge of visits and access to the collections which can be made by appointment.

Secretaría de Cultura
Gobierno de Jalisco

Centro Cultural/
Arte Contemporáneo

El Centro Cultural/Arte Contemporáneo, A.C., dependiente de la Fundación Cultural Televisa, A.C., está abierto al público desde noviembre de 1986. Su sede es un edificio diseñado por los arquitectos mexicanos Sordo Madaleno y Asociados. Es reconocido por la calidad de sus exposiciones temporales y de sus fondos. Su colección permanente consta de tres grandes secciones: arte contemporáneo mexicano e internacional que incluye pintura, escultura, gráfica

CAMPOS ELÍSEOS
Y JORGE ELIOT
POLANCO
11560 MÉXICO, D.F.
TEL 282 0355
FAX 281 1550
MA. A D. DE 10-18 HRS
MI. DE 10-20 HRS

MÉXICO

y artes decorativas; más de tres mil fotografías de autores mexicanos y extranjeros, y arte prehispánico de las diversas regiones de México. Cuenta con una biblioteca especializada en bellas artes y una tienda con artesanías, libros de arte, carteles y postales de las exposiciones temporales. Se ofrecen visitas guiadas y cursos de dibujo, pintura, escultura, fotografía e historia del arte para niños y adultos.

The Centro Cultural/Arte Contemporáneo, A.C., supported by the Televisa Cultural Foundation, A.C., has been open to the public since November 1986. It is housed in a building designed by Mexican architects Sordo Madaleno and Associates. The museum is renowned for the quality of its temporary exhibitions and its permanent collection which is divided into three main sections: Mexican and international contemporary art (painting, sculpture, the graphic and decorative arts); more than 3,000 photographs by Mexican and foreign artists, and pre-Hispanic art from the many regions of Mexico. The museum has a fine-arts library and a gift shop, featuring craft objects, art books, posters and postcards of temporary exhibitions. Guided tours of the museum, as well as courses for both adults and children on drawing, painting, sculpture, photography and art history are also offered.

Centro de la Imagen

Manuel Álvarez Bravo

Romualdo García

Guillermo Kahlo

Nacho López

Mariana Yampolsky

El edificio que hoy alberga el Centro de la Imagen fue originalmente la primera fábrica de tabaco de la Nueva España durante el siglo XVIII. Después, convertido en cuartel militar, Félix Díaz y Rodolfo Reyes dirigieron desde ahí las acciones de la Decena Trágica durante la Revolución. Muchos años más tarde, fue la Escuela de Diseño y Artesanías, y luego de pasar un tiempo cerrado, fue restaurado por el arquitecto Isaac Broid. Las actividades del centro son numerosas: cuatro o cinco exposiciones temporales al año, la organización de Fotoseptiembre, que abarca no sólo la ciudad de México, sino ciudades de provincia y de Estados Unidos, y la publicación de catálogos y de su excelente revista trimestral *Luna Córnea*. Uno de sus grandes intereses es que maestros de fama internacional impartan cursos aquí.

PLAZA DE LA CIUDADELA 2
CENTRO HISTÓRICO
06040 MÉXICO, D.F.
TELS 709 6058
709 6095 / 709 1510
FAX 709 1599
MA. A D. DE 11-18 HRS
MÉXICO

The building that today houses the Center for Photography (Centro de la Imagen) was constructed in the eighteenth century as the first tobacco factory of New Spain. Later it was converted into a military barracks. It was here that Félix Díaz and Rodolfo Reyes led the bombardment during the Decena Trágica, the "ten tragic days" of the Mexican Revolution. Many years later it was transformed into the School of Design and Handcrafts. After a period of closure it underwent restoration by the architect Isaac Broid. The center hosts many activities. There are four or five temporary exhibitions a year, the organization of the annual Fotoseptiembre event which takes place not only in Mexico City but also in other Mexican cities and in the United States, as well as the publication of catalogues and the excellent quarterly magazine Luna Córnea. *Courses given by photographers of international repute are one of the center's particular attractions.*

Museo de Arte Carrillo Gil

El Museo de Arte Álvar y Carmen T. de Carrillo Gil se fundó a partir de la colección que formó el doctor Álvar Carrillo Gil (1899-1974) a lo largo de su vida, con obras de José Clemente Orozco, David Alfaro Siqueiros, Diego Rivera, Gunther Gerzso, Wolfgang Paalen y del propio doctor Carrillo, entre otros; así como con un conjunto de estampas japonesas (*Ukiyo-e*) de los siglos XVII y XVIII. La colección permanente actual incluye obras de arte contemporáneo nacional e internacional, con las que el acervo cuenta con un total de 1 581 obras de arte. El doctor Álvar Carrillo Gil y su esposa, Carmen Tejero de Carrillo Gil, donaron su colección y el edificio del Museo al pueblo de México en 1972, llevándose a cabo su inauguración el 30 de agosto de 1974. Las actividades consisten en la exhibición y

AV. REVOLUCIÓN 1608
SAN ÁNGEL
01000 MÉXICO, D.F.
TELS 550 6289
550 6260
FAX 550 4232
MA. A D. DE 10-18 HRS
MÉXICO

sigue en pág. 105

The Álvar and Carmen T. de Carrillo Gil Museum of Art was created from the collection amassed by Dr. Álvar Carrillo Gil (1899-1974) over the course of his lifetime. It includes works by José Clemente Orozco, David Alfaro Siqueiros, Diego Rivera, Gunther Gerzso, Wolfgang Paalen and Dr. Álvar Carrillo Gil himself, as well as a collection of Japanese prints (Ukiyo-e) from the seventeenth and eighteenth centuries. The permanent collection, currently includes 1,581 contemporary works of art from Mexico and abroad. Dr. Álvar Carrillo Gil and his wife, Carmen Tejero de Carrillo Gil, donated their collection and the museum building to the people of Mexico in 1972. It was opened to the public on August 30, 1974. The museum offers information about the works in the permanent collection and other contemporary works of art from Mexico and abroad which are on temporary display. With the production of video-catalogues of some

con't on p. 105

José Clemente Orozco
Los muertos, 1931
Óleo/tela
111 x 92 cm

difusión de las obras de la colección (exposición permanente) y de arte plástico contemporáneo nacional e internacional (exposiciones temporales). El video se ha incorporado de manera definitiva a las actividades de este Museo mediante la producción de videocatálogos de algunas de sus exposiciones en sus propias instalaciones. Asimismo pueden consultarse en la videoteca más de 200 documentales sobre arte gratuitamente. El museo cuenta, además, con biblioteca, cafetería y librería. En lo que respecta a cursos, se ha puesto en marcha un programa de historia del arte, apreciación musical, cine y talleres para niños de pintura y literatura; además se realizan presentaciones de libros y conferencias de varios temas. Entre las obras más importantes de su acervo se encuentran: *Combate, Zapata, Cristo destruye su cruz* y *Prometeo* de José Clemente Orozco; *Pintor en reposo* y *Retrato de un poeta* de Diego Rivera; *Formas turgentes* y *Tres calabazas* de David Alfaro Siqueiros; *Estructura antigua* y *Eleusis* de Gunther Gerzso, y *Bañistas* y *Migración de Yucatán* de Wolfgang Paalen.

exhibitions, this medium is now playing an important role in the museum's activities. More than two hundred art documentaries can be consulted in the video library at no charge. In addition, the museum features a library, cafeteria and a book shop. A program of courses has been initiated on such subjects as art history, music appreciation and film, as well as workshops on literature and art for children. Book presentations and conferences on various subjects are also organized by the museum. Among the more important works in the collection are José Clemente Orozco's Combat, Zapata, Christ Destroys his Cross *and* Prometheus; *Diego Rivera's* Painter at Rest *and* Portrait of a Poet; *David Alfaro Siqueiros'* Swollen Forms *and* Three Squashes; *Gunther Gerzso's* Ancient Structure and Eleusis; *and Wolfgang Paalen's* Bathers *and* Migration to the Yucatán.

Museo de Arte Contemporáneo
Internacional Rufino Tamayo

Rufino Tamayo
Retrato de Olga, 1964
Óleo/tela
212 x 137 cm

A lo largo de los años, los señores Rufino y Olga Tamayo reunieron una colección de arte internacional constituida por pintura, escultura, dibujo, gráfica, fotografía y tapiz, con el objeto de donarla al pueblo de México. Para este fin, el gobierno federal mexicano contribuyó cediendo una superficie de terreno. Se convocó a los arquitectos Teodoro González de León y Abraham Zabludovsky para desarrollar el proyecto del Museo. El resultado es una construcción modular de varios niveles, con evocaciones prehispánicas, incorporada armónicamente al paisaje. Se prestó especial atención a la iluminación natural y al diseño de los espacios interiores que, en conjunto, crean una diversidad de atmósferas. El 29 de mayo de 1981, fue inaugurado el Museo bajo el patrocinio del Grupo Alfa y de la Fundación Cultural Televisa. A partir del

PASEO DE LA REFORMA
Y GANDHI S/N
11580 MÉXICO, D.F.
TELS 286 58 89
286 5939 / 286 6519
FAX 286 6539
MA. A D. DE 10-18 HRS

MÉXICO

sigue en pág. 109

Over the years, Rufino and Olga Tamayo amassed a collection of international art which included paintings, sculpture, drawings, prints, photographs and textiles with the aim of donating it to the people of Mexico. To this end, the federal government granted a piece of land in Chapultepec Park and architects Teodoro González de Léon and Abraham Zabludovsky were invited to design the museum. The result is a multi-leveled, modular construction with echoes of pre-Hispanic architecture which blends harmoniously into the landscape. Special attention was paid to natural lighting and to the design of the interior space, so as to create a variety of atmospheres. On May 29, 1981 the museum was opened under the patronage of the Alfa Group and the Televisa Cultural Foundation. In August 1986 the museum was designated as part of the Patrimonio Nacional (National Heritage), and fell under the administration of the Instituto Nacional de

con't on p. 109

Fernand Léger
Las clavadistas circulares, 1942
Óleo/tela
147 x 127 cm

mes de agosto de 1986, el Museo se integró al Patrimonio Nacional bajo la administración del Instituto Nacional de Bellas Artes, reinaugurándose el 9 de septiembre de 1986. Promueve un programa de exposiciones temporales mediante el cual se busca propiciar el encuentro entre la expresión plástica contemporánea y el público mexicano. El Museo ofrece asimismo un programa de actividades multidisciplinarias como conferencias, representaciones teatrales, espectáculos de danza, conciertos, cursos, talleres, visitas guiadas y actos que, por su naturaleza, aporten elementos de interés para el disfrute y acercamiento al arte contemporáneo.

Bellas Artes (The National Fine Arts Institute), and was re-inaugurated on September 9, 1986. The museum promotes a program of temporary exhibitions that bring contemporary artistic expressions to the Mexican public. The Tamayo Museum also offers a program of multidisciplinary activities such as conferences, theatrical and dance performances, concerts, courses, workshops, guided visits and special events to foster the enjoyment and greater understanding of contemporary art.

Museo de Arte Moderno

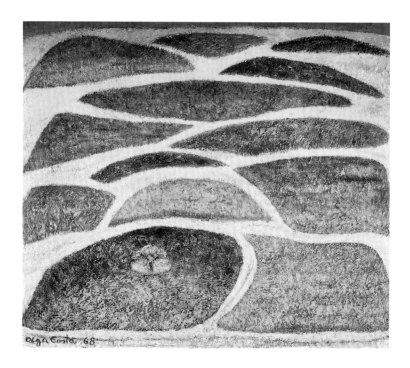

Olga Costa
Campos labrantíos, 1968
Óleo/masonite
60 x 70 cm

El Museo de Arte Moderno es uno de los espacios del arte mexicano más activos de la ciudad. Tiene cuatro salas y una galería. Dos de las salas exhiben permanentemente arte mexicano. En ellas están representadas varias tendencias, la Escuela Mexicana, en sus distintas vertientes, con sus artistas más importantes, pintores y escultores, así como los artistas de las generaciones posteriores que han destacado en las últimas décadas. El museo realiza un intenso programa de exposiciones temporales que pretende cubrir las expresiones plásticas más significativas del panorama artístico nacional y extranjero. En estos dos últimos años han destacado la de Remedios Varo, la de Leonora Carrington y la de Chirico. Estas exhibiciones tienen generalmente una buena acogida pues se trata de obras de una colección de muy

PASEO DE LA REFORMA
Y GANDHI
BOSQUE DE CHAPULTEPEC
11560 MÉXICO, D.F.
TELS 553 6233
211 8331 / 211 8729
FAX 553 6211
MA. A D. DE 10-17:30 HRS
MÉXICO

sigue en pág. 113

The Museum of Modern Art has four exhibition spaces and one gallery. Two of the spaces, dedicated to permanent exhibitions of Mexican art, present various tendencies, the most important painters and sculptors representative of the different manifestations of the Mexican School as well as artists of subsequent generations who have earned exceptional repute in recent decades. The museum features an intense program of temporary exhibitions covering the most significant movements in the national and international art scene. Exhibitions over the last two years include those dedicated to the work of Remedios Varo, Leonora Carrington and Giorgio de Chirico. Conferences are also held, as are book presentations, round tables and courses on contemporary art. Catalogues edited by the museum and a selection of art books can be purchased in the bookstore. The four exhibition spaces are contained in

con't on p. 113

Remedios Varo
La despedida, 1958
Óleo/tela
34 x 24 cm

muy alta calidad. También se llevan a cabo con-ferencias, presentaciones de libros, mesas redondas y cursos dearte contemporáneo. En la librería se pueden adquirir catálogos editados por el propio museo y una selección de libros de arte. Las cuatro salas están distribuidas en un edificio circular y la galería se localiza en otro edificio independiente. El museo está rodeado de jardines donde se exhibe escultura de grandes dimen-siones. Fue proyectado por el arquitecto Pedro Ramírez Vázquez y abierto al público en 1964.

the circular, main building while the gallery is located in a separate construction. Large-scale sculptures are on exhibition in the gardens that surround the muse-um, which was designed by the architect Pedro Ramírez Vázquez, and opened to the public in 1964.

Museo de la Ciudad de México

El Museo de la Ciudad de México se aloja en el antiguo Palacio de los Condes de Santiago de Calimaya, bello ejemplar de la arquitectura mexicana del siglo XVIII, y una de las más genuinas expresiones del arte barroco civil. Gracias a este tipo de edificios, la ciudad de México recibió hace mas de siglo y medio el título de Ciudad de los Palacios. En las salas de exposiciones permanentes se ofrece información sobre el pasado y presente de la ciudad de México, con

PINO SUÁREZ 30
CENTRO HISTÓRICO
06060 MÉXICO, D.F.
TELS 542 8883
542 0671
FAX 522 36 40
MA. A D. DE
10-17:30 HRS

MÉXICO

una museografía dinámica que facilita el conocimiento de la metrópoli. El Museo cuenta con el estudio del famoso pintor mexicano Joaquín Clausell, impresionista de principios de siglo. Cuenta con una biblioteca especializada en la ciudad de México con más de 1 500 volúmenes; una fonoteca con más de 350 grabaciones de música clásica, y videoteca con diversos temas, aunque especializada en arquitectura.

The Museum of Mexico City is housed in the former Palace of the Counts of Santiago de Calimaya, a striking example of eighteenth-century Mexican architecture and one of the most genuine expressions of civil baroque art. Because it was comprised of many similar buildings, Mexico's capital was christened the City of Palaces more than a century and a half ago. The permanent exhibition galleries provide information as to the past and present of Mexico City, with a dynamic format underlying important aspects of the metropolis. The museum features the studio of the famous Mexican painter Joaquín Clausell, an early-twentieth-century impressionist. The museum also includes a 1500-volume library of titles concerning Mexico City, as well as a music library with over 350 recordings in the classical repertoire and video library on diverse topics, primarily architecture.

Museo Estudio Diego Rivera

Diego Rivera tenía una entrañable amistad con Juan O'Gorman. Entusiasmado con las construcciones funcionalistas del joven arquitecto, le pidió proyectara en los terrenos aledaños a la antigua hacienda de San Ángel en Altavista, sobre la entonces calle de Palmas, dos casas gemelas para él y su esposa, la pintora Frida Kahlo. En 1986, con motivo del centenario del nacimiento de Diego Rivera, es inaugurado en esta casa el Museo Estudio Diego Rivera, cuyo objetivo es preservar, exhibir y difundir los distintos tópicos de la vida del maestro Rivera, así como organizar exposiciones temporales y permanentes en galerías y museos nacionales y extranjeros, brindar cursos y talleres para niños y adultos, visitas guiadas, conferencias y presentaciones de libros. Cuenta además con una pequeña librería.

DIEGO RIVERA 2
SAN ÁNGEL INN
01060 MÉXICO, D.F.
TELS 550 1189
616 0996
FAX 550 1004
MA. A D. DE 10-18 HRS

MÉXICO

Diego Rivera maintained a close friendship with Juan O'Gorman. Enthusiastic about the young architect's functionalist constructions, he commissioned twin houses for himself and his wife, the painter Frida Kahlo, on land close to the old Hacienda of San Ángel in Altavista, along what was then Calle de Palmas. This house was opened to the public as the Studio Museum of Diego Rivera in 1986 to commemorate the centenary of the artist's birth. Its main objective is to preserve, exhibit and promote information on various aspects in the life of the great artist. The Studio Museum organizes temporary and permanent exhibitions for museums and galleries both in Mexico and abroad, as well as courses and workshops for children and adults, guided tours, conferences and book presentations. There is also a small bookstore.

MUSEO FRANZ MAYER

Vista interior del claustro
Fotografía: Salvador Lutteroth y Jesús Sánchez Uribe

Localizado en la plaza de la Santa Veracruz, justo atrás de la Alameda Central, en un edificio notable de la segunda mitad del siglo XVII, el Museo Franz Mayer alberga una de las colecciones de arte más importantes de México. El museo es el resultado de la vocación coleccionista y la mentalidad filantrópica de un mexicano, nacido en Alemania, cuyo nombre lleva la institución. Es un museo dedicado principalmente a la difusión de las artes aplicadas. La colección abarca cuatro siglos de producción artística en nuestro país, y ha sido complementada con aquellos objetos extranjeros que en algún momento fueron modelos o influencias de los que aquí se produjeron. Una serie de salas cronológicas nos permite apreciar las artes aplicadas de México desde el siglo XVI hasta el XIX. La platería, la cerámica, los muebles y la escultura tienen salas especiales, así como la colección de

sigue en pág. 121

Located in the Plaza de la Santa Veracruz, behind the Alameda Central, in a remarkable, late seventeenth-century building, the Franz Mayer Museum houses one of the most important art collections in Mexico. The museum is the result of the philanthropic spirit of the German-born Mexican art collector Franz Mayer. It houses a collection, primarily focused on the applied arts, covering four centuries of artistic production in Mexico, and it is complemented with foreign pieces that served as models or were influential with regard to those produced in Mexico. A series of chronologically-ordered galleries allows the visitor to evaluate the applied arts in Mexico from the sixteenth to the nineteenth centuries. Silver work, ceramics, furniture and sculpture are featured in special galleries, as is the collection of paintings. In 1995, a gallery devoted to tex-

con't on p. 121

Escena del tapiz de la cacería de un león
Siglo xvi
320 x 382 cm

pintura. En 1995 será inaugurada una sala para la colección de textiles. La biblioteca, abierta al público y especialmente a los investigadores, es importante en el renglón de los libros antiguos. Destaca una colección de Quijotes formada por más de 800 ediciones diferentes de la obra de Cervantes. Desde el claustro, que es por su belleza uno de los atractivos del museo, se accede a cuatro salas ambientadas con objetos de la época de la Colonia: una recámara, una estancia, un comedor y una capilla. En el mismo claustro se encuentran un auditorio y una cafetería. A la entrada del museo hay una librería especializada en arte. Con frecuencia se llevan a cabo exposiciones temporales.

tiles will be inaugurated. The library, open to the public, and especially to scholars, is important for its colection of antique books and contains more than 800 editions of Cervantes' Don Quixote. *The building's cloister—which because of its beauty is one of the museum's most striking attractions—leads to four rooms that recreate those of the colonial era: a bedroom, a living room, a dining room and a chapel. It also features an auditorium and a cafeteria. At the entrance to the museum there is a bookstore specialized in art books. The museum also features seasonal exhibitions.*

Museo José Luis Cuevas

Fotografía: Gabriel Figueroa Flores

Localizado en el ex convento de Santa Inés, a dos calles del Zócalo, este museo alberga la obra donada por este artista mexicano y, al mismo tiempo, es el sitio desde el que se despliega su reconocida capacidad de promoción de las artes y la de su esposa, Bertha Cuevas, directora del museo. En la colección predominia el arte contemporáneo de Latinoamérica pero también hay obras de Europa y Norteamérica. "Desde hace más de 35 años —dice José Luis Cuevas—, comencé a coleccionar obras de arte. El propósito fue el mismo que ahora me lleva a entregar a la ciudad de México lo que con esfuerzo reuní: crear un museo para disfrute de todos. [...] Es mi intención que sea un centro vital en el que tengan cabida diversas actividades culturales. El museo es una caja de resonancias para las otras artes. Las puertas del museo están abiertas a todas las inquietudes siempre y cuando estén sustentadas en el talento."

ACADEMIA 13
CENTRO HISTÓRICO
06060 MÉXICO, D.F.
TELS 542 8959
542 6198
FAX 542 8959
MA. A D. DE 10-18 HRS

MÉXICO

Located in the former Convent of Santa Inés, two blocks from the Zócalo, Mexico City's main square, this museum houses the collection that the Mexican artist José Luis Cuevas donated to the public. It is also a center where the artist and his wife Bertha, the museum's current director, have actively promoted the arts. The collection primarily features contemporary Latin American art, as well as North American and European currents. "Over thirty-five years ago," says José Luis Cuevas, "I began collecting works of art. That aim has now prompted me to donate the efforts gathered here to Mexico City as a museum that can be enjoyed by all. (...) It is my intention to make the museum a vital center for diverse forms of cultural activity and a sounding board for all the other arts. The doors of the museum are always open to all concerns, provided they express talent."

MUSEO MURAL DIEGO RIVERA

DIEGO RIVERA
SUEÑO DE UNA TARDE DOMINICAL EN LA ALAMEDA CENTRAL
DETALLE

Este museo fue creado específicamente para albergar el mural *Sueño de una tarde dominical en la Alameda Central* de Diego Rivera. El mural, de 15.60 metros de largo por 4.30 metros de ancho, ha tenido que ser cambiado de lugar dos veces. Pintado en 1947 para el comedor del Hotel del Prado, en 1961 fue trasladado al vestíbulo. Los sismos de septiembre de 1985 causaron daños irreparables en la construcción del hotel y obligaron a reubicar el mural, enfrentando graves dificultades. Cuando el museo estuvo terminado, se instaló el mural en la sala principal que, de este modo, se convirtió en su lugar de exposición permanente. Tiene dos salas de exposiciones temporales en las que se hacen exposiciones nacionales e internacionales vinculadas a convenios culturales. También se imparten talleres de náhuatl y se organizan conferencias, cursos, audiovisuales y conciertos.

PLAZA SOLIDARIDAD
CENTRO HISTÓRICO
06040 MÉXICO, D.F.
TEL 512 0754
FAX 510 2329
MA. A D. DE 10-18 HRS

MÉXICO

This museum was created to house Diego Rivera's celebrated mural Dream of a Sunday Afternoon in the Alameda. *The mural, measuring 15.60 by 4.30 meters, has twice been relocated. Painted in 1947 for the dining room of the Hotel Prado, it was later moved to the lobby in 1961. The earthquakes of September 1985 irreparably damaged the hotel, and the mural had to be relocated under very difficult circumstances. When the new museum was completed the mural was installed in the main exhibition area on permanent display. There are two rooms for temporary exhibitions of work from Mexico and abroad linked to cultural agreements. The museum also organizes conferences and concerts, has audiovisual materials and offers classes including a language workshop in Nahuatl.*

Museo Nacional de Antropología

En un edificio monumental, obra del arquitecto Pedro Ramírez Vázquez, se encuentra el mayor museo dedicado al pasado prehispánico de México. Las numerosas salas de la planta baja están dedicadas a la arqueología, tanto del altiplano central como de las diferentes regiones. Varias de las piezas más importantes del México antiguo se encuentran en estas salas. En el segundo piso se localizan las exposiciones etnográficas sobre los diferentes grupos indígenas que habitan el país. Un mural de Rufino Tamayo en el vestíbulo del museo complementa la visita.

PASEO DE LA REFORMA
Y GANDHI
POLANCO
11560 MÉXICO, D.F.
TELS 553 6266
553 6554 / 553 6243
FAX 286 1791
MA. A S. DE 9-19 HRS
D. DE 10-18 HRS

MÉXICO

This monumental building, the work of architect Pedro Ramírez Vázquez, houses the largest museum dedicated to Mexico's pre-Hispanic past. The main floor's various galleries showcase many of the most important archeological pieces of ancient Mexico, from the central plateau as well as from other regions. The first floor offers ethnographic exhibits on different Mexican indigenous groups. The Rufino Tamayo mural located in the lobby is a perfect complement to the museum's other features.

Museo Nacional de Arte

José María Velasco
Vista del valle de México desde el cerro de Santa Isabel, 1877
Óleo/tela
160 x 228.5 cm

El Museo Nacional de Arte, ubicado en el antiguo Palacio de Comunicaciones, en la actual Plaza Tolsá, es un ejemplo notable de la arquitectura del porfiriato. Construido entre 1904 y 1911, bajo la dirección del arquitecto italiano Silvio Contri, este edificio integra en su fachada formas que combinan el estilo renacentista florentino con el clasicismo francés. Destacan las puertas de acceso y una doble escalera con herrería ricamente decorada al gusto neoclásico. La decoración del edificio y la pintura de los techos y artesonados estuvo a cargo de la familia Coppedé. La exposición permanente del museo ofrece en términos museográficos un discurso visual lógico y coherente que permite al público conocer y apreciar la evolución de las ideas y las formas en la producción plástica de

TACUBA 8
CENTRO HISTÓRICO
06010 MÉXICO, D.F.
TELS 512 3224
521 7461
FAX 521 7320
MA. A D. DE
10-17:30 HRS

MÉXICO

sigue en pág. 131

Located in the old Communications Palace in the Plaza Tolsá, the National Museum of Art is a classic example of architecture from the Porfirio Díaz era. Built between 1904 and 1911 under the aegis of the Italian architect Silvio Contri, the façade of this building blends Florentine Renaissance with French Classicism. The entrance doorway is noteworthy as is the double staircase with ironwork richly ornamented in the neoclassical style. The decoration of the building, ceiling frescoes and coffered vaulting were undertaken by the Coppedé family. The museum's permanent exhibition offers a visual, logical and coherent discourse which allows the public to understand and appreciate the development of ideas and forms in the work of each artist, to recognize their essential stylistic characteristics and their place in Mexican art from the sixteenth century to 1950. Today the museum has twenty-four rooms with more than 700 works of art in

con't on p. 131

David Alfaro Siqueiros
Autorretrato, 1945
Piroxilina/Cetotex

cada artista, reconocer las características esenciales de su estilo y su ubicación en el contexto más amplio de la historia del arte mexicano desde el siglo XVI hasta 1950. Actualmente el museo cuenta con 24 salas de exposición permanente y más de 700 obras representativas del arte virreinal, de la Academia de San Carlos, de los pintores del muralismo, así como de las Escuelas de Pintura al Aire Libre y de la Escuela Mexicana. El museo como centro de comunicación ha puesto en práctica diferentes estrategias de acercamiento para los visitantes: visitas conducidas para público infantil, juvenil, adulto y de educación especial, así como de comunidades de difícil acceso, con el programa "El Museo y los niños de la calle". Cuenta con una tienda en el vestíbulo.

permanent exhibition from the colonial period, the Academy of San Carlos, as well as by the muralists, the painters of the Open Air Schools and the Mexican School. As a center for communication, the museum has implemented varying strategies to reach out to visitors. There are guided tours for children, adolescents, adults and those requiring special facilities as well as the program "The Museum and the Street Children" for those communities who would not normally have the opportunity to visit such a museum. There is a shop in the main lobby.

Museo Nacional
de Culturas Populares

Árbol de la vida
Detalle
Fotografía: Ricardo Garibay Ruiz

Este museo se propone presentarnos las múltiples formas de expresión de la cultura popular. Su enfoque parte de la inquietud de un grupo de antropólogos que cuestiona el museo tradicional. En cada una de sus exposiciones este museo informa sobre los de valores y las formas de vida de los diversos grupos culturales del país.

Av. Hidalgo 289
Del Carmen Coyoacán
04100 México, D.F.
Tels 554 8968
554 8357
Fax 659 8346
Ma. a D. de 10-18 hrs

MÉXICO

This museum presents popular cultural expression in all its multiple forms. This special focus emerged from the concern of a group of anthropologists who questioned the function of the traditional museum. In each one of its exhibitions the National Museum of Popular Cultures provides informative material on the values and lifestyles that reflect a particular aspect of popular culture.

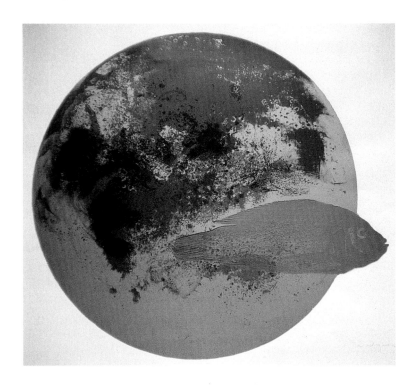

Luis Nishizawa
Pez de otoño, 1920
Litografía
49.8 x 55.5 cm

El Museo Nacional de la Estampa fue creado el 17 de diciembre de 1986. Surge por la necesidad de promover y divulgar, en el interior y exterior del país, la obra gráfica de los artistas mexicanos, dando cabida a todas las tendencias estéticas de nuestra plástica. Por otra parte, también trata de presentar las experiencias de los productores contemporáneos cuyo uso de materiales, técnicas y procedimientos han permitido traspasar los límites de la estampa tradicional. El museo se encuentra ubicado en la Plaza de la Santa Veracruz, en un edificio neoclásico de finales del siglo XIX. Para su remodelación se tomaron en cuenta las características propias del inmueble, así como el material a exhibir. La especialización del museo permitirá proyectarlo como un centro de información y de

Av. Hidalgo 39
Plaza de la Santa
Veracruz
Centro Histórico
06050 México, D.F.
Tel 510 4905
Fax 521 2224
Ma. a D. de 10-18 hrs

México

sigue en pág. 137

The National Prints and Engraving Museum was officially created by presidential decree on December 17, 1986. The museum was born out of the need to promote and raise awareness of Mexican graphic arts in all of its manifestations both nationally and internationally. Likewise, the museum also showcases the work of contemporary artists, whose use of new materials and techniques has helped them to surpass the limits of traditional engraving. The museum is located in the Plaza de la Santa Veracruz, in a neoclassical building of the late nineteenth century. The building has been remodelled, taking into consideration its own unique characteristics as well as the material to be exhibited. It is important both for its style as well as its social function. By the same token, the museum's special function has allowed it to become an irreplaceable center for information and research. The museum also strives to educate, presenting information in simple

con't on p. 137

Alfredo Zalce

Fotografía: J. Ricardo Garibay Ruiz

investigación irremplazable para el país. De ahí que se presente como un museo didáctico de lectura sencilla, para acoger el mayor número posible de visitantes. Pretende ayudar a cultivar el gusto y la sensibilidad artística del público, así como incitarlo a la reflexión y a la práctica de la estampa, tomando en consideración la evolución histórica de la misma, que va desde el grabado prehispánico, el grabado colonial (1530-1780), el grabado en la Academia, el grabado moderno y contemporáneo, la estampa en el siglo XX, el resurgimiento de la gráfica (1922-1960) y las nuevas alternativas, hasta la más reciente Bienal de Gráfica.

form, so that it can be meaningful to the greatest number of visitors possible. The museum has as its basic purpose to help visitors develop an appreciation for graphic arts, as well as illustrating how and why they have been practiced. For this purpose, the museum considers the evolutionary trajectory of graphic arts in Mexico, from pre-Hispanic work to the colonial period, from the engravings of the Academy to modern and postmodern work. It also considers the role of engraving in the twentieth century, particularly the resurgence of printmaking from 1922-1960 and new alternatives in graphic arts, up to the last Graphic Arts Biennal.

MUSEO NACIONAL DE HISTORIA
CASTILLO DE CHAPULTEPEC

FOTOGRAFÍA: GABRIEL FIGUEROA FLORES

Museo patrocinado por:

CASTILLO DE CHAPULTEPEC
1A SECCIÓN
BOSQUE DE CHAPULTEPEC
11580 MÉXICO, D.F.
TELS 286 0700
553 6246
FAX 553 6268
MA. A D. DE 9-17 HRS

MÉXICO

En un edificio del siglo XVIII que todos conocemos como Castillo de Chapultepec se encuentra el museo más visitado de México. Coronando la colina más alta del Bosque de Chapultepec, el castillo es visible desde varios puntos de la ciudad. Desde sus terrazas se puede tener una vista interesante del Paseo de la Reforma y sus alrededores. En sus salas se muestra una panorámica de la historia nacional, de la conquista a la Revolución, incluyendo pintura, indumentaria, escultura, tecnología, numismática, enseres, instrumentos musicales, carruajes, banderas y documentos.

Mexico's most frequently visited museum is housed in this eighteenth-century construction, commonly known as the Chapultepec Castle. The museum's many galleries offer a panorama of Mexican history—from the Spanish Conquest to the Revolution—through paintings, dress and fashion from various periods, arms, sculpture, technology, domestic objects, examples of coins and currency, musical instruments, documents, flags and carriages. The museum, which crowns the highest hill in Chapultepec park, is visible from many points in the city. The castle's terraces offer a spectacular view of Paseo de la Reforma and surrounding areas.

Museo del Palacio de Bellas Artes

FOTOGRAFÍA: JORGE VÉRTIZ

Jorge González Camarena

Roberto Montenegro

José Clemente Orozco

Diego Rivera

Manuel Rodríguez Lozano

David Alfaro Siqueiros

Rufino Tamayo

El arquitecto italiano Adamo Boari empezó a construir en 1904 lo que originalmente iba a ser el nuevo Teatro Nacional. Éste iba a sustituir al antiguo Teatro de Santa Anna, que había sido demolido para prolongar la avenida 5 de Mayo. Se escogieron amplios terrenos del ex convento de Santa Isabel pero, casi de inmediato, el proyecto inicial fue modificado porque la cimentación del terreno cedió por el peso. Con estos cambios, el proyecto original perdió monumentalidad y proporción: el domo elipsoidal diseñado por Boari, que debía cubrir un amplio jardín interior, quedó sobre el vestíbulo. Las esculturas fueron encargadas a diferentes artistas: Leonardo Bistofli (fachada), Gianett Fiorenzi (guirnaldas, florones y máscaras) y Geza Maroti (grupo del águila en el remate de

AV. JUÁREZ Y AV. HIDALGO 1
CENTRO HISTÓRICO
06050 MÉXICO, D.F.
TEL 709 3111
EXTS. 164, 175, 212
FAX 510 1388
MA. A D. DE 10-18 HRS

MÉXICO

sigue en pág. 143

The Italian architect Adamo Boari began to construct what was to be the new National Theater in 1904. This was to replace the old Teatro de Santa Anna, which had been demolished with the expansion of Avenida 5 de Mayo. Things, however, did not work out as planned. Almost from the start, the initial project— which had originally been conceived as a huge, monumental work, extending over large tracts of real estate belonging to the old Convent of Santa Isabel—had to be scaled down, because its foundations were too heavy to be supported. The elipsoid dome designed by Boari, meant to cover a large courtyard with a garden, was stuck over the vestibule. The sculptures were assigned to different artists: Leonardo Bistofli (façade), Gianett Fiorenzi (wreaths, flowers and masks) and Geza Maroti (eagle group on the cupola pediment and pegasus figures). The construction was interrupted at various points. The project was taken up anew by the

con't on p. 143

FOTOGRAFÍA: JORGE VÉRTIZ

la cúpula y pegasos). Las obras fueron interrumpidas en varias ocasiones. Cuando fueron retomadas por el arquitecto Federico E. Mariscal, se volvieron a realizar modificaciones, adaptando galerías y salas de conferencias. Al fin, el Palacio de Bellas Artes fue inaugurado el 29 de septiembre de 1934. El telón principal es una gran cortina de metal y cristales opalescentes hecha en los talleres de Tiffany en Nueva York. Su originalidad reside en que, con el efecto de la luz, se pueden apreciar, desde el amanecer hasta el ocaso, los lagos y volcanes del valle de México. Además del teatro con 2 000 localidades, el edificio tiene cuatro galerías de exposiciones, salas para conferencias y conciertos de cámara, librería, cafetería y oficinas.

architect Federico E. Mariscal; more design modifications were made, galleries and conference rooms were added. The Palacio de Bellas Artes was finally inaugurated on September 29, 1934. The theater's main curtain is comprised of a metal and opalescent crystal panel, made by Tiffany's in New York. In the light, the curtain reveals the lakes and volcanos of the Valley of Mexico from morning to dusk. In addition to the theater itself (with 2,000 seats), the building has four exhibition rooms, as well as conference and music rooms, a bookstore, cafeteria and offices.

Museo de San Carlos

Antigua Academia de San Carlos
Fotografía: Laura Barrón

El Museo de San Carlos es poseedor de una de las más importantes colecciones de arte occidental de los siglos XVI al XX en América Latina. Su acervo, que principalmente proviene de las galerías de la Antigua Academia de San Carlos, se fue enriqueciendo por medio de adquisiciones, encargos directos a pintores españoles, donaciones, así como con parte de las pinturas expropiadas a los conventos suprimidos en el siglo XIX. También guarda algunas copias que de obras de los grandes maestros ejecutaran los alumnos de dicha escuela. La Academia de San Carlos fue fundada por orden de Carlos III en 1783 como Real Academia de las Tres Nobles Artes. En 1843, el presidente de la República, general Antonio López de Santa Anna, propicia el resurgimiento de esa institución y de sus galerías, que habían estado en desuso algunas

PUENTE DE ALVARADO 50
TABACALERA
06030 MÉXICO, D.F.
TELS 566 8522
592 3721
FAX 566 8085
MI. A L. DE 10-18 HRS

MÉXICO

sigue en pág. 147

The San Carlos Museum houses one of the most important collections in Latin America of Western art from the sixteenth to twentieth centuries. The collection, drawn principally from the old San Carlos Academy, has also been enriched through acquisitions, direct consignments by Spanish painters, and donations, as well as some of the paintings expropriated from convents in the nineteenth century. The museum also houses copies of some of the works of the Great Masters, done by students of the Academy. The San Carlos Academy dates from the end of the eighteenth century, when it was founded by King Charles III of Spain as the Royal Academy of the Three Noble Arts. In 1843, General Antonio López de Santa Anna, then president of Mexico, helped to re-open the institution, whose galleries had fallen into disuse over the previous decades. In the 1960s, during the administration of

con't on p. 147

JACOBO CARUCCI
Madona con el Niño, 1525
ÓLEO/TABLA
88 x 64 CM

décadas. Durante la administración del presidente Gustavo Díaz Ordaz, buena parte de lo expuesto en las galerías de la Academia, sobre todo las escuelas europeas, se incorpora al recién creado Museo de San Carlos. El bello edificio neoclásico que lo alberga, el llamado Palacio del Conde de Buenavista, fue construido por el arquitecto valenciano Manuel Tolsá. Sin apartarse totalmente del sentimiento barroco en el que fue formado, Manuel Tolsá logra una solución plástica sobria, que contrasta con la singularidad de su monumental patio oval. El Museo de San Carlos, de gran tradición en México, cuenta con un programa de servicios educativos, entre los que destaca la atención dedicada a niños y jóvenes. Muy pronto, en un edificio anexo, establecerá una biblioteca de arte de servicio gratuito.

president Díaz Ordaz, a large portion of the works exhibited in the Academy's galleries, above all from the European schools, were incorporated into the recently-created San Carlos Museum. Located in a beautiful neoclassical building called the Palace of the Count of Buenavista, it was constructed by the Spanish architect Manuel Tolsá. Without entirely straying from the baroque style, Tolsá managed to neutralize this style with a more sober design that contrasts with the building's beautiful oval patio. A true historical monument in Mexico, the San Carlos Museum also has an educational services program dedicated primarily to children and young people. The museum also plans to establish a free art library in an adjoining building.

Museo del Templo Mayor

Coyolxauhqui, diosa de la luna
Escultura monolítica de toba volcánica
Diámetro: 3.25 m, espesor: 35 cm
Sala 2 del Templo Mayor

Museo patrocinado por:

ORFEBRES

Aquí se encuentran las ruinas del principal templo perteneciente al recinto ceremonial de Tenochtitlan. Constaba de dos adoratorios, uno dedicado al dios de la guerra, Huitzilopochtli, y el otro, al dios del agua, Tláloc. El Templo Mayor fue primero una pequeña construcción hecha por el pueblo azteca cuando éste llegó a fundar la ciudad en el lago en 1325. Se han encontrado hasta siete agrandamientos, siendo el último el que encontraron y destruyeron los españoles en 1521. El museo, que se encuentra al lado de las ruinas, consta de ocho salas dedicadas a estos mismos dioses representantes de la vida y de la muerte. Aquí se encuentran las esculturas de los guerreros águila y piezas singulares con un significado ceremonial en la muerte de los guerreros. Se puede ver la escultura de la Coyolxauhqui y en las salas se pasa por el tema del agua, la lluvia, la fertilidad y la agricultura representadas por el dios Tláloc.

SEMINARIO 8
CENTRO HISTÓRICO
06060 MÉXICO, D.F.
TELS 542 0606
542 4943 / 542 4784
FAX 542 1717
MA. A D. DE 10-17 HRS

MÉXICO

These are the ruins of the principal construction that formed part of the ceremonial center of Tenochtitlan. It contained two temples, one dedicated to the war god, Huitzilopochtli, the other to the rain god, Tláloc. The Great Temple was originally a small construction, built by the Aztecs in 1325 when they founded the city Tenochtitlan on the lake. The temple underwent seven expansions before the Spaniards discovered and destroyed it in 1521. The museum, which is located next to the ruins, is made up of eight rooms dedicated to Tláloc and Huitzilopochtli, who were also gods of life and death. Sculptures of the eagle warriors and unique pieces that were important in the warrior death rituals are also exhibited. Visitors can see the sculpture of Coyolxauhqui and visit rooms that touch on the themes of water, rain, fertility and agriculture, embodied in Tláloc.

MUSEO UNIVERSITARIO DEL CHOPO

FOTOGRAFÍA: BERNARDO ARCOS Y LORENA ALCARAZ

El inmueble del Museo Universitario del Chopo, de excepcional arquitectura e historia, es una construcción en hierro, tabique prensado y vidrio procedente de Alemania. Su fabricación data de 1902 y fue traído a México por la Compañía Mexicana de Exposiciones Permanentes, S.A., con el fin de albergar exposiciones industriales. Su montaje se realizó entre 1903 y 1905. A partir de 1913 y hasta 1964, fue el Museo Nacional de Historia Natural. En

ENRIQUE GONZÁLEZ
MÁRTINEZ 10
SANTA MARÍA LA RIBERA
06400 MÉXICO, D.F.
TEL 546 5484
FAX 535 2186
MI. A D. DE 10-14 HRS
Y DE 16-19 HRS

MÉXICO

1975, después de dos años de trabajos de restauración y habilitación, este tradicional edificio se inauguró como Museo Universitario del Chopo y hoy se especializa en exposiciones de artes visuales de vanguardia, proyectos experimentales, propuestas de grupos marginales y artistas jóvenes. El museo alberga el Foro del Dinosaurio, espacio escénico para representaciones de danza, música, teatro, *performance* y diversas actividades de extensión universitaria.

The building which houses the Chopo University Museum is a construction of exceptional architecture and style. Composed of iron, partition wall and imported German glass, it was fabricated in 1902 and brought here by the Mexican Company of Permanent Exhibitions (Compañía Mexicana de Exposiciones Permanentes, S.A.) to house industrial exhibitions. It was assembled from 1903 to 1905. From 1913 to 1964, it was the National Museum of Natural History. After two years of restoration and modifications, this historical building was inaugurated as the University Museum in 1975. Today it specializes in the exhibitions of avant-garde visual art, experimental projects and the work of both marginalized groups and young artists. The Dinosaur Forum, features dance, musical and theatrical performances, as well as performance art pieces and many university activities.

MUSEO UNIVERSITARIO
CONTEMPORÁNEO DE ARTE

Fotografía: Daniel Nierman

El Museo Universitario Contemporáneo de Arte, con una superficie de 2 400 m², ha permitido experimentar en el manejo del espacio, el color y la luz, elementos primordiales en el lenguaje de un museo. El museo es campo de experimentación museográfica. Nace en 1960 con el nombre de Museo Universitario de Ciencias y Artes, en el corazón del campus de la Ciudad Universitaria, y es en él donde la semilla de una nueva línea en museografía fructifica. Sus espacios han testificado la presentación de múltiples facetas de la cultura: las humanidades, la ciencia, la tecnología y las artes han sido objeto de su quehacer cotidiano. En sus siete lustros de existencia, ha presentado lo más destacado de las artes plásticas de nuestros días. El Centro de Investigación y Servicios Museológicos, ubicado en el museo, ha enfocado sus acciones de investigación tanto a la docencia como, más particularmente, a la difusión de la cultura.

Within its 2,400 square meters, the University Museum of Contemporary Art has encouraged the experimental use of space, color and light—the primary elements in the language of a museum—becoming a sort of laboratory for new concepts in curating. It was founded in 1960 as the University Museum of the Arts and Sciences in the heart of Mexico's National Autonomous University campus, where the seeds of this experimental museum have born fruit. Its spaces attest to the presentation of multiple facets of culture: the humanities, science, technology and the arts are featured in their relation to everyday life. In its thirty five years of existence, it has presented outstanding works of contemporary art. The Research and Service Center of Museology, located within the museum, specializes in research projects of an educational nature such as those regarding the promotion of culture.

Papalote. Museo del Niño

Papalote es un museo interactivo en el que, a diferencia de los museos "tradicionales", el visitante puede tocar, descubrir y experimentar, al mismo tiempo que aprender algo nuevo sobre sí mismo y su mundo. Abrió sus puertas en noviembre de 1993, poniendo a disposición de niños y adultos interesantes exhibiciones dividas en cinco grandes temas: expresiones, cuerpo humano, con-ciencia, nuestro mundo, comunicaciones. Cuenta también con la primera sala de proyección con el sistema IMAX en la ciudad de México: la Megapantalla, donde el espectador podrá vivir la experiencia de disfrutar de una película de 70 mm, proyectada en una pantalla gigante con sonido digital.

CIRCUITO
2A SECCIÓN DEL
BOSQUE DE CHAPULTEPEC
11820 MÉXICO, D.F.
TEL 224 1260
L. A D. DE 9-13 HRS
Y DE 14-18 HRS
MÉXICO

Unlike traditional museums, the Papalote Children's Museum is an interactive one: visitors are able to touch, discover and experiment, while learning something about themselves and the world. The museum opened in 1993, putting five broad themes at the fingers of interested children and adults: the Human Body, the Mind, Our World, Communications and Expressions. The museum also has the first IMAX film center in Mexico City: the Megapantalla, where the viewer can watch movies projected on 70mm film, complete with digital sound.

ANDRÉS LÓPEZ
TRINIDAD DEL CIELO Y TRINIDAD DE LA TIERRA
ÓLEO/LÁMINA
42.5 x 45.4 CM

Miguel Cabrera

Andrés de la Concha

Nicolás Correa

Baltasar de Echave Orio

Baltasar de Echave y Rioja

Luis Juárez

José de Ibarra

Sebastián López de Arteaga

Antonio Rodríguez

Juan Rodríguez Juárez

Nicolás Rodríguez Juárez

Cristóbal de Villalpando

La Pinacoteca Virreinal cuenta con pinturas que datan de los siglos XVI, XVII Y XVIII, y de las dos primeras décadas del siglo XIX. En esta colección están representados los estilos manierista, barroco claroscurista, barroco mexicano, el grupo de los pintores de la "maravilla mexicana" y los maestros neoclásicos de la Academia de San Carlos. El edificio fue iglesia y parte del convento de San Diego, fundado por una rama de la orden franciscana. Al paso de los años se amplió con una escuela, enfermería y portal de peregrinos. La iglesia se renovó anexándose en 1779 la capilla llamada de Los Dolores y a principios del siglo XIX fue reconstruida la torre y se adosó a su interior una hermosa portada neoclásica. Actualmente el recinto alberga una importante colección de 160 obras en exposición permanente, 60 en muestras itinerantes y 100 en bodega.

DR. MORA 7
CENTRO HISTÓRICO
06050 MÉXICO, D.F.
TEL 510 2793
FAX 512 2079
MA. A D. DE 9-17 HRS

MÉXICO

The Viceregal Art Gallery contains paintings dating from the sixteenth, seventeenth and eighteenth centuries, as well as the first two decades of the nineteenth century. In its collection are paintings representative of the Mannerist, chiaroscuro baroque and Mexican baroque styles, as well as the group of painters known as the "maravilla mexicana" and the neoclassical masters of the San Carlos Academy. The building was originally a church, part of the convent of San Diego, which was founded by a branch of the Franciscan order. Over the years a school, an infirmary and a pilgrims' vestibule were added. The church was renovated in 1779, annexing the Chapel of Los Dolores, and at the beginning of the nineteenth century the church steeple was reconstructed, and a beautiful neoclassical façade was added. The gallery currently holds a collection of 160 works on permanent exhibition, as well as 60 in travelling collections and 100 in storage.

Sala de Arte Público
David Alfaro Siqueiros

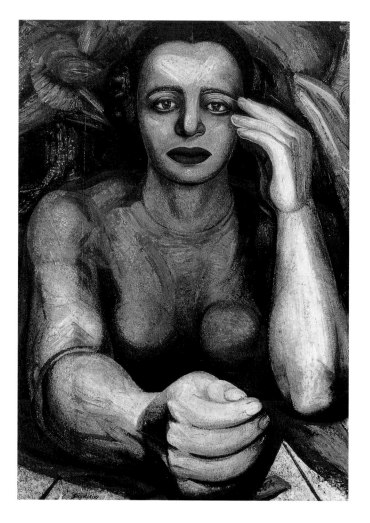

David Alfaro Siqueiros
Retrato de Angélica Arenal
Fotografía: Jorge Vértiz

La casa de Siqueiros fue donada como museo, y en ella se ilustran con fotomurales sus preocupaciones sociales y artísticas. Se expone obra original, bocetos, proyectos y fotografías, gracias a los cuales se puede tener una aproximación a su vida. En esta casa donde vivió y trabajó, se guardan miles de documentos relacionados con su biografía, con los procesos públicos a los que se vio sometido por su posición política y otros muchos que se refieren a sus investigaciones artísticas. Asimismo se encuentra su biblioteca, grabados y maquetas con proyectos de sus murales, etcétera. Se organizan exposiciones temporales de artistas contemporáneos y, regularmente, cursos de historia del arte.

TRES PICOS 29
POLANCO
11560 MÉXICO, D.F.
TEL 545 5952
FAX 531 3394
MA. A D. DE 10-18 HRS

MÉXICO

The Siqueiros house was donated as a museum by the Mexican painter David Alfaro Siqueiros. Photographic murals illustrate the painters' social and artistic concerns, as well as original works, sketchs, projects and photographs, through which a greater understanding of his life can be obtained. In this house, where the painter lived and worked, thousands of documents reflecting the events of his life, his political convictions and his artistic experiments can be found. Finally, the house contains his library, featuring tapes of his mural projects. Temporary exhibitions of contemporary artists, as well as courses in art history, are regularly held in the house.

Universum. Museo de las Ciencias de la unam

Universum es el primer espacio interactivo para la difusión de las ciencias en México. En sus diferentes salas (como Estructura de la Materia, El Universo, Química, Matemáticas, etcétera), no sólo se muestran números o formas vacías, sino que se integran el arte y el juego. El público realiza de manera directa experimentos y simulaciones para mayor apreciación de varios fenómenos. Lugar favorito de niños y jóvenes, cuenta con talleres y conferencias, así como exposiciones temporales producto de intercambios con otros museos de ciencia del mundo. Cuenta con una biblioteca con gran cantidad de información de ciencia y tecnología en libros, videos, mapas y computadoras. Tiene una intensa cartelera teatral. En la sala de Biología Humana y Salud se aplican una serie de exámenes médico-deportivos con descuentos a estudiantes.

ANTIGUO EDIFICIO
DE CONACYT-EDIFICIO A
CIRCUITO CULTURAL CU
04510 MÉXICO, D.F.
TELS 665 4527
622 7299 / 622 7308
FAX 665 4418
L. A V. DE 9-17 HRS
S. Y D. DE 10-17 HRS

MÉXICO

Universum is the first interactive museum in Mexico devoted to the promotion of the sciences. The different rooms and galleries—The Structure of Matter, The Universe, Chemistry and Mathematics, for example— are not just showcases for numbers or empty forms; they manage to integrate art and playfulness. The public is invited to directly participate in various experiments and simulations. A favorite place for young museum-goers, Universum features workshops and conferences, as well as temporary exhibitions which are brought through interchanges with other science museums throughout the world. Universum's library is the most complete source of information regarding the sciences and technology in books, videos, maps and computers. It has an active calendar of theatrical events. In the Human Biology and Health room, visitors can receive a physical exam (with a discount for students.)

La casona denominada La Moreña data de la primera mitad del siglo XIX y se ubica en el portal sur de la plaza principal de La Barca. Se trata de una rica finca, de una sola planta, con patio central —de acuerdo con los esquemas coloniales que recuerdan los patios españoles— del que salen corredores a los cuatro puntos cardinales. Los muros principales de los cuatro corredores y los dos pasillos ostentan más de 500 m² de pintura mural de  extraordinaria calidad, con temas costumbristas inspirados en las litografías del libro *México y sus alrededores* de Casimiro Castro, publicado en 1855. Fueron realizados al comenzar la segunda mitad del siglo XIX por encargo del que fuera dueño de la finca, don Francisco Velarde, mejor conocido como El Burro de Oro.

The house known as La Moreña was built during the early nineteenth century and is located in the southern arcade of the main plaza of La Barca. This one-story house was once a wealthy estate. It features a central courtyard from which four corridors lead in all directions, following colonial custom which recalls Spanish courtyards. The main walls of the four corridors and the two hallways feature more than 500 square meters of extraordinary mural paintings, with regional themes inspired by the book of lithographs by Casimiro Castro, México y sus alrededores, *published in 1855. Work on these was begun at the end of the nineteenth century, commissioned by the estate's owner Francisco Velarde, better known as El Burro de Oro (The Golden Donkey).*

Secretaría de Cultura
Gobierno de Jalisco

Ex Convento del Carmen

El ex Convento del Carmen es un espacio abierto a todo el público, en donde se llevan a cabo manifestaciones artísticas de diversa índole de manera continua. En sus cinco salas hay exposiciones de pintura, fotografía o escultura, tanto de artistas locales como extranjeros. Otras actividades permanentes son los Martes Musicales y los Miércoles Literarios. Los primeros promueven la música de cámara tanto antigua como de vanguardia, con especial énfasis en la música jalisciense y en los jóvenes valores. Los Miércoles Literarios fueron fundados en 1980 por Elías Nandino para el encuentro del público con las diversas manifestaciones de la literatura: presentaciones de libros, lecturas, conferencias y seminarios sobre diversos autores. Este recinto cuenta con sala de cine, cafetería y tienda de libros.

Av. Juárez 638
Moderna
44100 Guadalajara,
Jalisco
Tels (3) 614 7184
614 8383 / 614 0815
L. a S. de 9-21 hrs

GUADALAJARA

The former Del Carmen Convent is a cultural center open to the general public where diverse artistic manifestations are programmed throughout the year. Its five galleries host exhibitions of painting, photography and sculpture, featuring local and international artists. Other permanent activities include Musical Tuesdays and Literary Wednesdays. The first of these promotes chamber music, from early music to the avant-garde, with a special emphasis on music by musicians and younger talents from Jalisco. The Literary Wednesdays were founded in 1980 by Elías Nandino as a way of offering the public diverse manifestations of literature, book presentations, readings, conferences and seminars on the work of different authors. The center has a movie theater, a cafeteria and a bookstore.

Secretaría de Cultura
Gobierno de Jalisco

Instituto Cultural Cabañas

El Instituto Cultural Cabañas, uno de los signos visuales más importantes de la ciudad, tiene a su cargo principalmente la preservación, investigación y divulgación de la obra de José Clemente Orozco. El instituto cuenta con diez piroxilinas y 330 obras sobre papel elaboradas por el artista, cedidas en comodato por el INBA, que se exhiben de manera rotativa en las salas de exposición permanente. Además, en la capilla mayor del antiguo Hospicio Cabañas, construido por don Manuel Tolsá, Orozco pintó los murales *La humanidad, La conquista española* y *El hombre en su afán de superación*, considerados obras maestras del artista. La institución cuenta con un patrimonio propio y con una colección de pintores jaliscienses. Asimismo destina otros espacios a exposiciones temporales y a actividades culturales como la enseñanza de diversos oficios y especialidades artísticas: danza, música y artes plásticas.

CABAÑAS 8
PLAZA TAPATÍA
44360 GUADALAJARA,
JALISCO
TELS (3) 617 4322
(3) 617 4034
FAX (3) 617 4601
MA. A S. DE 10-18 HRS
D. DE 10-15 HRS

GUADALAJARA

The Cabañas Cultural Institute, one of the most important landmarks of Guadalajara, is principally devoted to the preservation, research and promotion of the work of José Clemente Orozco. The Institute has 10 pyroxilyne works and 330 works on paper by the artist, on loan from the INBA (National Institute of Fine Arts), which are displayed successively in the permanent galleries. In the main chapel of the former Cabañas Orphanage, constructed by Manuel Tolsá, Orozco painted several murals—Humanity, The Spanish Conquest *and* Man in His Need of Fulfillment—*considered to be his masterpieces. The institute features its own cultural patrimony with a collection of paintings by artists from Jalisco. Additional spaces are used for temporary exhibitions and other cultural activities including classes offered in different crafts, as well as dance, music and the visual arts.*

INSTITUTO CULTURAL
CABAÑAS

Secretaría de Cultura
Gobierno de Jalisco

Museo de las Artes

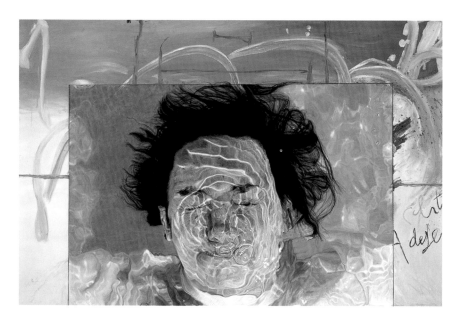

Carlos Vargas Pons
Ofelia, homenaje simbólico al maestro Antonio Tàpies, 1993
Óleo/tela
153 x 238 cm
Colección: Universidad de Guadalajara

Javier Arévalo

Carmen Bordes

Alejandro Colunga

Fernando González Gortázar

Jorge Martínez

Lucía Maya

Héctor Navarro

Martha Pacheco

Antonio Ramírez

Lupe Sierra

Juan Soriano

Ramiro Torreblanca

Luis Valsoto

Carlos Vargas Pons

Benito Zamora

La Universidad de Guadalajara propuso crear en el edificio de rectoría, construido en los años treinta, este importante espacio para las artes visuales del estado de Jalisco. La belleza arquitectónica del edificio resultó un marco ideal para albergar la obra de por lo menos 40 artistas que están representados con una o dos obras. En el Paraninfo del inmueble se encuentra uno de los murales más representativos de la obra de José Clemente Orozco. El museo inicia intercambios con otros centros culturales del país y el extranjero y poco a poco seguirá incrementando su acervo. Cuenta con una sala de proyecciones, una librería y una cafetería.

UNIVERSIDAD DE
GUADALAJARA
Av. Juárez y Enrique
Díaz de León
44100 Guadalajara
Tels 825 4868
826 9233 / 826 9183
Fax 626 7723
L. a S. de 10-19 hrs

The University of Guadalajara proposed the creation of this important space for the visual arts in Jalisco, in its rectory, built in the 1930s. The architectural beauty of the building has created the perfect space to house the work of more than forty artists who are each represented by one or two works. The Paraninfo houses one of the most-representative murals of José Clemente Orozco. The museum has begun an exchange program with other national and international cultural centers and little by little the expansion of its collection will be secured. The museum also features a screening room, a bookstore and a restaurant.

MUSEO REGIONAL DE GUADALAJARA

FOTOGRAFÍA: ARQUITECTO MITO COVARRUBIAS

Esta construcción de mediados del siglo XVIII alberga importantes colecciones del Occidente de México. En 1918 el edificio abrió sus puertas como Museo de las Bellas Artes gracias a su fundador, Juan Ixca Farías. En sus áreas de exposición se encuentran las salas de Paleontología, Arqueología, Historia y Etnografía. Su pinacoteca abarca obras del siglo XVII al XX. También cuenta con una muestra de pintura europea, en especial de exponentes de la escuela flamenca.

LICEO 60
SECTOR HIDALGO
44100 GUADALAJARA,
JALISCO
TEL 614 9957
FAX 613 2670
MA. A D. DE 9-15:45 HRS

GUADALAJARA

La pintura del siglo XX cuenta con la obra de destacados artistas jalisciences como Roberto Montenegro, Dr. Atl y Rafael Ponce de León además de varias pinturas firmadas por otros grandes representantes de la plástica mexicana como Diego Rivera y David Alfaro Siqueiros. El museo cuenta con salas de exposiciones temporales y un auditorio para 120 personas. Ofrece visitas guiadas.

This mid-eighteenth-century building houses one of the most important collections in western Mexico. The building was inaugurated in 1918 as the Fine Arts Museum, founded by Juan Ixca Farías. It features galleries dedicated to Paleontology, Archaeology, History and Ethnography. The museum's collection spans the seventeenth to the twentieth centuries and includes works from Europe, with special emphasis on the Flemish School. The twentieth-century collection features the work of renowned artists from Jalisco such as Roberto Montenegro, Dr. Atl and Rafael Ponce de León, in addition to other pieces by the great representatives of Mexican modernism, such as Diego Rivera and David Alfaro Siqueiros. The museum also houses temporary exhibitions and features an auditorium with a 120-seat capacity. Free guided tours are available.

La casa que José Clemente Orozco habitó y usó como taller en los últimos años de su vida, se encuentra hoy bajo la custodia del Instituto Cultural Cabañas. Esta finca, propiedad del Estado, se dedica a exposiciones temporales de obra gráfica y dibujo, y en consonancia con su función original se imparten talleres libres de pintura. En el que fuera taller del maestro se puede apreciar el mural transportable *Buena vida* (1945), mientras que otra parte de este espacio habitacional alberga las oficinas de la Dirección de Documentación e Investigaciones Estéticas de la Secretaría de Cultura.

AURELIO ACEVES 27
SECTOR JUÁREZ
ARCOS VALLARTA
42200 GUADALAJARA,
JALISCO
TEL 616 8329
L. A V. DE 10-15 HRS
S. DE 10-13 HRS

GUADALAJARA

The house which was the residence and workshop of José Clemente Orozco in the last years of his life is now under the care of the Cabañas Cultural Institute. Seasonal exhibitions of graphic works and drawings are held on this farm, a property of the state, as are free painting workshops in keeping with the house's original function. The portable mural, Good Life *(1945), is on display in what was once Orozco's workshop, while other areas of this former residence house the offices of the Cultural Ministry's Department of Documentation and Artistic Research.*

INSTITUTO CULTURAL
CABAÑAS

SC
Secretaría de Cultura
Gobierno de Jalisco

CENTRO CULTURAL ALFA

Este majestuoso conjunto arquitectónico, con cerca de 61 000 m² de extensión, está integrado por un edificio principal compuesto por un gran cilindro que pareciera retar la gravedad. En sus cinco niveles se montan exposiciones sobre ciencia, arte y tecnología. Cuenta además con el Multiteatro en donde se proyectan documentales y películas en sistema Omnimax que involucra al espectador en la acción misma de la escena. En el exterior se encuentran ubicados, entre otros atractivos, el Jardín Prehispánico, el Aviario, así como el Jardín de la Ciencia, en donde se puede experimentar con algunos principios de la física en juegos interactivos. El Pabellón del Universo alberga un monumental vitral, la única obra realizada en vidrio por el reconocido artista mexicano Rufino Tamayo.

This majestic architectural complex of about 61,000 square meters consists of a giant cylindrical building which seems to defy gravity. On its five floors, exhibitions of science, art and technology are organized. There is also a multi-purpose theater, where documentaries and other films are projected on an Omnimax screen, allowing viewers to feel like they are part of the action. Outside the museum, there is a pre-Hispanic garden, an aviary and the Garden of Science—in which the visitor can experiment with the principles of physics through interactive games—among other attractions. The Pavilion of the Universe houses a monumental work of glass, the only one of its kind by the recognized Mexican artist Rufino Tamayo.

MUSEO DE ARTE CONTEMPORÁNEO MARCO

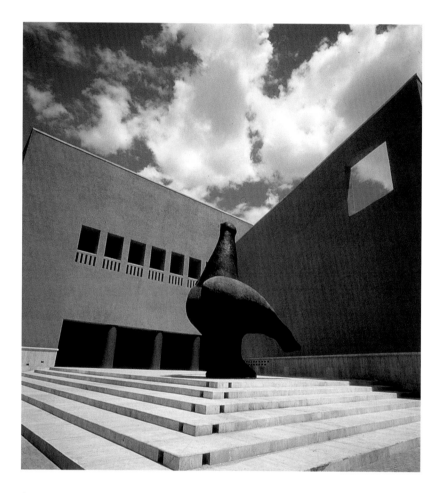

LA PALOMA
FACHADA DEL MARCO

Diseñada por el arquitecto Ricardo Legorreta, es una construcción que se impone por su belleza y que complementa acertadamente la gran plaza de la ciudad. En su fachada se integran el concepto de edificio moderno y funcional, y la monumental escultura de bronce del artista tapatío Juan Soriano: la *Paloma*, que se encuentra en la entrada del museo. Inaugurado en 1991, ha cumplido un intenso programa de exposiciones de primera calidad, revitalizando la vida cultural, no solo de la ciudad, sino internacionalmente. Sus intereses fundamentales son promover el arte contemporáneo, con énfasis en las artes visuales de México y América Latina, y ser además un foro para el talento artístico joven de México. Otro de sus objetivos es integrar una de las colecciones permanentes más

ZUAZUA Y OCAMPO S/N
64000 MONTERREY, N.L.
TELS 342 4820
342 4830 / 345 2866
FAX 342 9315
MA. A S. DE 11-19 HRS
MI. Y D. DE 11-21 HRS

MONTERREY

sigue en pág. 179

Designed by the architect Ricardo Legorreta, this is an imposingly beautiful building which aptly complements the city's main square. The building's façade combines the concepts of a modern, functional building with a monumental bronze sculpture by the Guadalajaran artist Juan Soriano (the Dove*), which graces the museum's main entrance. Opened in 1991, the museum has kept pace with an unceasing program of first-rate exhibitions, which have helped to revitalize not only the cultural life of the city, but the international art world as well. The museum's principal aims are to promote contemporary art, especially Mexican and Latin American visual arts, as well as to offer a forum for the young artistic talent of Mexico. Another of its objectives is to house one of the most important collections of Latin American contemporary art. The museum has an auditorium which holds 250 people, where audiences can enjoy opera, documentaries on the lives*

con't on p. 179

importantes del arte contemporáneo latinoamericano. Tiene un auditorio para 250 personas en
donde se pueden disfrutar conciertos de ópera,
documentales sobre vida y obra de pintores, así
como ciclos de cine y conciertos de cámara. En el
patio central se presentan periódicamente artistas
de primera calidad internacional. Algunas de sus
exposiciones más trascendentes han sido: *Mito y
magia en América: los ochenta, El hechizo de Oaxaca
y México: Esplendores de treinta siglos*, y, entre las
individuales, las de artistas como Nahum B.
Zenil, David Hockney, María Izquierdo, Romualdo García, Hermenegildo Bustos, Alfonso Michel,
Julio Galán y Leonora Carrington. Cuenta también con una tienda de catálogos y libros especia-
lizados, postales y recuerdos, un restaurante y
una cafetería.

*and works of painters, as well as film festivals and clas-
sical music concerts. In its central courtyard, top
international artists are periodically exhibited. Some of
the museum's most well-known exhibitions have been:*
Myth and Magic in America: the 80s, The Spell of
Oaxaca, *and* Mexico: Splendors of Thirty Centuries. *Individual exhibitors have included Nahum B.
Zenil, David Hockney, María Izquierdo, Romualdo
García, Hermenegildo Bustos, Alfonso Michel, Julio
Galán and Leonora Carrington. The museum also features a shop where catalogues, books, postcards and
souvenirs can be purchased, in addition to a restaurant
and cafeteria.*

Museo Bernabé de las Casas

Arcadas del Museo
Fotografía: Adriana García Hidalgo

El edificio que aloja este museo es una muestra de la arquitectura vernácula del noreste del país, data de 1883. Cien años después se convirtió en sede permanente de exposiciones arqueológicas, paleontológicas, de historia y de mineralogía. Ubicado en el municipio de Mina, Nuevo León, el museo lleva el nombre del fundador del poblado, ya que este lugar formó parte del auge minero del virreinato. Cuenta con una biblioteca de tres mil volúmenes, una videoteca con temas de antropología, arqueología, arte, pintura y cinematografía de la época de oro del cine nacional, así como una sala de exposiciones temporales en las que se muestran expresiones que nos acercan a las tradiciones y costumbres del pasado. Tiene una cafetería en donde están a la venta catálogos, ediciones literarias y *souvenirs*.

*T*he building that houses this museum is an example of vernacular architecture from northeastern Mexico that dates from 1883. One hundred years after its construction, it is now the permanent site of archeological, paleontological, historical and mineralogical exhibitions. Located in the municipality of Mina, Nuevo León, an important colonial mining center, the museum bears the name of the town founder. The museum includes a library of 3,000 volumes, a video library of works on anthropology, archeology, art, painting and film from Mexico's Golden Age of Cinema. The temporary exhibition room features those artistic manifestations that are linked to ancient traditions and customs. The museum also includes a restaurant where catalogues, literature and souvenirs are sold.

Museo de Historia Mexicana en Monterrey

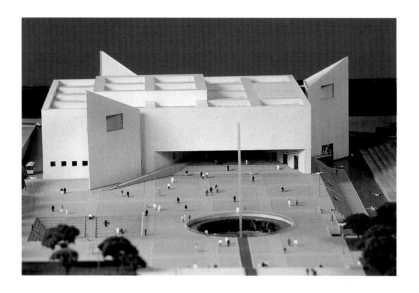

Proyecto Arquitecto Óscar Bulnes Valero

Este monumental edificio situado en el centro de Monterrey alberga el recientemente inaugurado Museo de Historia Mexicana. Se trata de un nuevo espacio cuyo propósito es mostrar la historia de México haciendo uso de la tecnología más avanzada en comunicación. Este recorrido de nuestro pasado estará dirigido al público en general y sobre todo a los niños y jóvenes. Es fundamental el tema del ambiente. Se muestra la diversidad de ecosistemas y la riqueza biológica del país. La exposición histórica está organizada en cuatro periodos: México antiguo, la Colonia, el siglo XIX y México moderno. Cuenta con tres salas para talleres infantiles, tres áreas para exposiciones temporales, una tienda, cafetería, restaurante, biblioteca, videoteca y auditorio.

DR. COSS 445 SUR
CENTRO
64000 MONTERREY, N.L.
TELS 345 9898
345 9188 / 345 9308
FAX 345 8684
MA. A J. DE 11-19 HRS
V. A D. DE 11-20 HRS

MONTERREY

This monumental building located in downtown Monterrey houses the newly inaugurated Museum of Mexican History. It is a new space that aims to employ the most advanced communications technology in its presentation of Mexican history. This tour of the past is oriented to the general public, especially young adults and children. The environment plays an important role, as the diversity of Mexican ecosystems and its biological richness is made evident. The historical exhibition is organized in four periods: Ancient Mexico, the Colonial era, the Nineteenth Century and Modern Mexico. The museum features three areas for children's workshops, a gift shop, cafeteria, restaurant, library, video-library and auditorium.

MUSEO DE HISTORIA DE NUEVO LEÓN

Se encuentra ubicado en lo que fue el antiguo Palacio Municipal, que empezó a funcionar en este lugar en 1612 y que, después de adaptaciones y demoliciones, fue reconstruido en 1655. Las obras continuaron hasta el siglo XIX. Cuenta con una colección integrada por materiales históricos de la ciudad de los siglos XVII, XVIII, XIX y XX, así como con un programa continuo de exposiciones temporales, como la de fotografía *Monterrey antiguo*, que mostró la vida cotidiana y el urbanismo de la ciudad de Monterrey durante el siglo pasado y principios de éste, y otras como *El arte ritual de la muerte niña*. Realiza actividades especiales como conferencias, exposiciones y presentaciones de libros. Se imparten algunos cursos y seminarios con temas históricos, artísticos o museográficos, así como talleres infantiles de verano.

ZARAGOZA SUR S/N
64442 MONTERREY, N.L.
TELS 44 1971
44 9183 / 442 503
FAX 44 4165
MA. A D. DE 10-18 HRS

MONTERREY

The Nuevo León Museum of History is located in what was once the Municipal Palace, founded in 1612. After its modification and its eventual demolition, the building was reconstructed in 1655. Modifications continued until the nineteenth century. The museum features a collection of historical materials from Monterrey that date from the seventeenth through the twentieth centuries, as well as a continuous program of temporary exhibitions such as Old Monterrey, *a photographic exhibition that testified to the everyday life and urbanism of this city from the late nineteenth to early twentieth centuries, and* The Ritual Art of Child Death. *The museum hosts special events such as conferences, exhibitions and book presentations. Courses and seminars on subjects relating to history, the arts or museum studies are also offered, as well as summer workshops for children.*

Museo de Monterrey

Desde su fundación en 1977 el Museo de Monterrey ha dinamizado la vida cultural de la ciudad y del país con el firme objetivo de presentar lo mejor del arte a la comunidad. Está localizado en el antiguo edificio de la Cervecería Cuauhtémoc, de cinco niveles y con una torre central. Ha logrado conformar una de las colecciones permanentes privadas más importantes de México con obras de arte moderno contemporáneo latinoamericano haciendo énfasis en lo mexicano. Cuenta con más de 1 500 obras en diferentes manifestaciones artísticas y continúa enriqueciéndose. El museo se ha distinguido por la calidad de sus exposiciones individuales y temáticas. En 1992 creó la Bienal Monterrey, Pintura, Escultura e Instalación, primera en organizarse en el norte de México. Cuenta con una biblioteca especializada en arte, una tienda de regalos, catálogos y libros de arte, cafetería, y ofrece el servicio de visitas guiadas gratuitas.

AV. ALFONSO REYES
2202 NORTE
64442 MONTERREY, N.L.
TELS 374 1203
372 4894 / 375 3982
FAX 372 5302
MA. A D. DE 11-20 HRS
MI. DE 10-20 HRS

MONTERREY

Since its opening in 1977, the Monterrey Museum has helped to spark the city's cultural life, with the aim of presenting the best in art to the community. The museum is located in the former Cervecería Cuauhtémoc brewery, a five-story, neoclassical structure with a central tower. The museum has managed to put together one of the nation's most important permanent collections of contemporary Latin American art, with an emphasis on Mexican works. In total, it houses more than 1,500 works of different artistic styles, and continues to grow. The museum has also won recognition for the quality of its individual and thematic exhibitions. In 1992, it held the first Monterrey Biennal of Painting, Sculpture and Installation in northern Mexico. It has a specialized art library, a gift shop, catalogues and books on art, as well as a cafeteria. It also offers free guided tours.

Museo Regional de Nuevo León
El Obispado

Su edificio es una de las escasas manifestaciones del estilo barroco tardío en el norte del país. Fue construido en 1788 por fray Rafael J. Verger, segundo obispo del Reino de Nuevo León. En 1846 fue atacado por las fuerzas estadunidenses que invadieron la nación y en 1903 sirvió de hospital, al padecer la ciudad una epidemia de fiebre amarilla. En 1914 sufre de nueva cuenta las consecuencias de los enfrentamientos militares, cuando el ejército carrancista se levantó contra el gobierno de Victoriano Huerta. En 1953 fue restaurado casi en su totalidad y en 1956 se destinó a Museo de Historia Regional. Cuenta con una colección permanente que representa diferentes periodos de la historia de Nuevo León, y organiza exposiciones temporales de etnografía, antropología e historia. En 1994 fue restaurada la fachada del oratorio en una primera fase de intervención del inmueble.

RAFAEL JOSÉ VERGER S/N
OBISPADO
64010 MONTERREY, N.L.
TEL 346 0404
FAX 346 0133
MA. A D. DE 10-17 HRS

MONTERREY

This building is one of the few examples of the late-baroque style in northern Mexico. Built as a vacation home in 1788 by Friar Rafael J. Verger, the second bishop of Nuevo León, it was later converted into military barracks, because of the many civil conflicts that swept the country. In 1864, it was attacked by US forces invading Mexico, and it became a hospital in 1903 when Monterrey was hit by a yellow fever epidemic. It suffered the consequences of military conflicts again when forces led by Venustiano Carranza rose up against the goverment of Huerta in 1914. The building underwent a nearly complete restoration in 1953 and became the Regional Museum of History. It features a permanent collection representative of different periods from Nuevo León's history. It also organizes temporary exhibitions of an ethnographic, anthropological or historical nature. In 1994, the façade of the oratory was restored in the first phase of a new renovation.

Museo del Vidrio

Alberto Barovier

Feliciano Béjar

Joroslava Brychtova

Stanislav Libensky

Xavier Meléndez

Raquel Stolarsky

Lino Tagliapietra

Michael Taylor

Ana Thiel

El Museo del Vidrio abre sus puertas al público el 6 de diciembre de 1991 con el objetivo de preservar, conservar y difundir el patrimonio nacional en vidrio. Además, se ha preocupado por fomentar el aprecio por el arte en vidrio en México. El edificio que ocupa el museo fue terminado en 1909 para funcionar como las primeras oficinas generales de Vidriera Monterrey. El proyecto estuvo a cargo de don Roberto G. Sada, pionero de la industria del vidrio en nuestro país. Al recorrer sus salas se podrán apreciar piezas en cristales naturales prehispánicos, vidrio colonial, vidrio popular, una botica del siglo XIX, el salón de vitrales, los inicios de la industria y, en el ático, la galería de arte contemporáneo y de exposiciones temporales.

ZARAGOZA
Y MAGALLANES 517
TREVIÑO
64570 MONTERREY, N.L.
TEL 329 1000
EXT 1222
FAX 375 7649
MA. A D. DE 9-18 HRS

MONTERREY

The Museum of Glass opened its doors to the public on December 6, 1991, with the aim of conserving and exhibiting Mexico's heritage in glass. The museum is also concerned with developing appreciation for Mexican art in glass. The museum's building, finished in 1909, was originally the first headquarters for Vidriera Monterrey. This project had been under the direction of Roberto G. Sada, a pioneer in glass manufacture in Mexico. The museum's halls contain works in natural pre-Hispanic crystals, colonial glasswork, popular glasswork, a nineteenth-century drugstore, an exhibition of stained glass, descriptions of the industry's beginnings and, in the attic, a gallery of contemporary art and temporary exhibitions.

Pinacoteca de Nuevo León

Federico Cantú

Gerardo Cantú

Guillermo Ceniceros

Fídeas Elizondo

Julio Galán

Ignacio Martínez Rendón

Efrén Ordóñez

Silvia Ordóñez

Alfredo Ramos Martínez

Durante los años veinte, justo después de la Revolución, fue construido el Campo Militar de Nuevo León, lugar que desempeñó un papel importante para la sociedad regiomontana de aquella época. A mitad de la década de los ochenta, el Campo Militar cambió de sede y sus instalaciones se convirtieron en el actual parque Niños Héroes, dentro del cual se localiza la Pinacoteca de Nuevo León. En sus dos edificios de estilo *art deco* tardío la Pinacoteca de Nuevo León expone la colección permanente cuyo acervo lo conforma el patrimonio artístico del estado, mismo que está integrado por las obras de renombrados artistas plásticos nuevoleoneses, desde los pioneros del arte en la entidad hasta los pintores contemporáneos. El edificio de exposiciones temporales, cuenta con tres salas: el Gran Salón, el Paraninfo y el Claustro, espacios donde además de muestras pictóricas se desarrollan regularmente conferencias, conciertos y otras actividades culturales.

PARQUE NIÑOS HÉROES
AV. ALFONSO REYES
Y SERVICIO POSTAL
MONTERREY, N.L.
TELS 31 39 52
31 5462 / 31 5472
FAX 331 5402
MA. A D. DE 10-18 HRS

MONTERREY

In the 1920s, following the Mexican Revolution, the state military encampment—a place that would have special societal importance—was constructed. In the mid-1980s, the encampment was moved and its buildings were converted into the Niños Héroes Park, within which the Nuevo León Museum of Art is now located. The first of the museum's two late-art-deco buildings houses the permanent collection which consists of works from the state's patrimony, as well as those by renowned artists from Nuevo León, including pioneers in art as well as the latest contemporary artists. The temporary exhibition building features three halls— the Main Hall, the Paraninfo and the Cloister—where conferences, concerts and other cultural activities are presented in addition to exhibitions.

Instituto de Artes Gráficas de Oaxaca. iago

Ubicado frente al ex convento de Santo Domingo de Guzmán, y a un costado de la plazuela del Carmen, este Instituto, ideado y hecho realidad por el pintor Francisco Toledo, por medio de la Asociación Civil José F. Gómez, aloja una de las más importantes colecciones de artes gráficas de América Latina. En una hermosa casa del siglo XVIII está depositado un acervo de casi cinco mil obras, entre las que se encuentran grabados de grandes maestros como Durero y Goya, interesantes ejemplares de gráfica religiosa, una colección única de grabados de James Ensor y Asger Jorn y una amplia muestra de estampa mexicana. Cuenta con una biblioteca especializada en artes plásticas, fotografía, cinematografía, arquitectura y diseño, y es una de las más importantes del país. Tiene a disposición del público un banco de datos computarizado, hemeroteca y fotocopiado. Su videoteca cuenta con más de 500 títulos en catálogo.

Located on one side of the Plazuela del Carmen and facing what was once the monastery of Santo Domingo de Guzmán, this museum—conceived and founded by the painter Francisco Toledo—contains one of the most important collections of prints in Latin America. This beautiful eighteenth-century residence houses a collection of almost 5,000 works on paper, including those by Dürer and Goya, interesting examples of religious printmaking, a unique collection of works by James Ensor and Asger Jorn, and an ample collection of Mexican engraving. The museum's library specializes in the visual arts, photography, cinematography, architecture and design. It is one of the most important libraries of its kind in the country, with more than 6,000 volumes. It also features a computer data base, periodical library and copying services. Its video library includes more than 500 titles in its catalogue.

Museo de Arte Contemporáneo de Oaxaca. MACO

Fotografía: Cecilia Salcedo

Francisco Gutiérrez

Rodolfo Morales

Rodolfo Nieto

Rufino Tamayo

Francisco Toledo

Está situado en uno de los edificios más importantes del Centro Histórico conocido como la "Casa de Cortés", que fue construido a fines del siglo XVII y principios del XVIII. El inmueble es una muestra de la arquitectura de esa época, con hermosos herrajes en sus barandales y algunos fragmentos originales de pintura mural del siglo XVIII. Desde su creación, por iniciativa de Francisco Toledo, cuenta con una exposición permanente y organiza exhibiciones temporales, además de talleres infantiles, cine club y ciclos de conferencias. En sus exposiciones temporales se da primordial importancia a la pintura contemporánea, a la fotografía y a la cultura oaxaqueña. Cuenta con una importante biblioteca, una videoteca, una tienda de publicaciones de arte y una cafetería.

MACEDONIO
ALCALÁ 202
68000 OAXACA,
OAXACA
TEL (951) 47 110
FAX (951) 68 499
MI. A L. DE 10:30-20 HRS

OAXACA

The Oaxaca Museum of Contemporary Art is located in one of the most important buildings in Oaxaca's historical center, the Casa de Cortés, built at the turn of the eighteenth century. The building itself is a wonderful example of this period's architecture, with beautiful ironwork on its railings and fragments of original eighteenth-century murals. Since its founding by Francisco Toledo, the museum has had a permanent show of art; it also organizes temporary exhibitions, as well as children's workshops, cinema clubs and conferences. Among its temporary exhibitions, the museum gives priority to contemporary painting, photography and Oaxacan culture. The museum contains a video room, an art bookstore and a cafeteria.

MUSEO DE ARTE PREHISPÁNICO DE MÉXICO RUFINO TAMAYO

GUERRERO PORTANDO UN CASCO ADORNADO
CLÁSICO TARDÍO
COLIMA

La casa que alberga la colección de arte prehispánico que donó el pintor Rufino Tamayo es un hermoso ejemplo de arquitectura del siglo XVII, construida inicialmente para alojar una congregación religiosa y, más tarde, a la familia Villarraza. Su hermosa fachada de cantera verde tallada, sus magníficas rejas de hierro forjado, así como el señorial trazo de la construcción colonial, dignamente respetado por la museografía, hacen de éste uno de los mejores ejemplos de arquitectura colonial en una ciudad estéticamente excepcional. La colección de obras de arte mexicano antiguo que el pintor Rufino Tamayo donó a su ciudad natal está compuesta por más de un millar de piezas, escogidas por él y su esposa como manifestaciones artísticas representativas de nuestro pasado cultural.

Av. Morelos 503
68000 Oaxaca,
Oaxaxa
Tel. (951) 64 750

OAXACA

The building that houses the collection of pre-Hispanic art donated by Rufino Tamayo is a beautiful example of seventeenth-century architecture, constructed originally as the residence of a religious order and later as that of the Villarraza family. Its stunning façade of green carved stone, its magnificent wrought-iron railings, as well as the stately lines of the colonial construction, dutifully respected in its renovation, make this one of the finest examples of colonial architecture in an exceptionally beautiful city. The collection of ancient Mexican works of art that the painter Rufino Tamayo donated to his native city consists of more than 1,000 pieces, chosen by Tamayo and his wife, as artistic manifestations representative of Mexico's historical past.

Fondo Nacional para la Cultura y las Artes

Ángel Zarraga
La Dádiva
Óleo/tela
180 x 220 cm
Donación fonca
Fotografía: Leopoldo Aguilar Dubois

A sólo cinco años de su creación, el Fondo Nacional para la Cultura y las Artes se ha constituido en un importante enclave cultural en el que convergen iniciativas, criterios y acciones de la sociedad civil y del Estado, con el objeto de apoyar la creación artística, preservar y conservar el patrimonio cultural, incrementar el acervo cultural y promover y difundir la cultura. Por el origen de sus recursos, por la integración de sus comisiones de estudio y de dictamen, por sus objetivos mismos, el Fondo se desempeña más como un organismo promotor de los intereses culturales de la sociedad mexicana que como una institución que dicta, postula y ejecuta unilateralmente sus propias acciones.

ARGENTINA 12-312
CENTRO HISTÓRICO
06020 MÉXICO, D.F.
TELS 702 1255
789 3653
FAX 789 8734
L. A V. DE 10-15
Y DE 17-20 HRS
MÉXICO

PROGRAMA DE INCREMENTO DEL ACERVO CULTURAL. Con el próposito de enriquecer el acervo cultural de la Nación, el Fondo Nacional para la Cultura y las Artes hace posible, con aportaciones de la iniciativa privada, la adquisición de piezas de gran valor artístico y cultural, como obra plástica o bibliotecas, que se integran a los diversos recintos y museos del país. Es importante destacar que las decisiones sobre la adquisición de obras y acervos culturales, así como el destino de los bienes adquiridos, compete a la Comisión de Adquisición de Bienes Culturales, integrada por Efraín Castro Morales, Leonor Cortina de Pintado, Teresa del Conde, Graciela de la Torre de Reyes Retana, Eduardo Matos Moctezuma, Jorge Alberto Manrique, Xavier Moyssén, Mario Vázquez Ruvalcaba y Elías Trabulse.

Las obras adquiridas por medio de este Programa y los museos a las que fueron integradas son los siguientes:

In its first five years, the Fondo Nacional para la Cultura y las Artes (National Endowment for Culture and the Arts) has established itself as an important cultural enclave where initiatives, criteria and efforts from both the State and the public sector are gathered with the aim of supporting artistic creation, preserving the cultural patrimony, increasing its acquisitions and promoting the arts in general. Given the nature of its funding, the integration of its research- and report-commissions and its own specific aims, the foundation serves more as a developer of Mexican society's cultural interest than it does as an institution which unilaterally dictates, postulates and executes its own actions.

PROGRAM TO INCREASE CULTURAL ACQUISITIONS
With the aim of enriching the country's cultural assets, and through contributions from the private sector, the Fondo Nacional para la Cultura y las Artes has acquired pieces of great artistic and cultural importance, such as artworks and libraries which eventually form part of diverse museums and cultural centers throughout Mexico. It is important to note here that decisions with regard to acquisitions of works and cultural holdings, as well as the use to which these assets are destined, pertains to the Commission of Cultural Acquisitions, formed by the following members: Efraín Castro Morales, Leonor Cortina de Pintado, Teresa del Conde, Graciela de la Torre de Reyes Retana, Eduardo Matos Moctezuma, Jorge Alberto Manrique, Xavier Moyssén, Mario Vázquez Ruvalcaba and Elías Trabulse.

The following is a list of the works purchased through the program, under the museums to which they pertain::

MUSEO NACIONAL DE ARTE
Ángel Zárraga, *La dádiva*, 1910
Rufino Tamayo, *Virgen de Guadalupe*, 1928
Carlos Mérida, Proyecto para el mural del Multifamiliar Juárez, s/f
Manuel Ocaranza, *La cuna vacía*, 1871
Juan Nepomuceno Herrera, *Retrato de dama con vestido verde*, 1855
John Phillips, *La catedral de México, Santo Domingo, Interior de la catedral, El paseo*, s/f
José María Vázquez, *Sor Ma. Antonia del Corazón de Jesús*, 1808

Anónimo, *Sacra plumaria de la Eucaristía*, siglo XVI

Ezequiel Negrete Lira, *El almuerzo*, 1930

Francisco Dosamantes, *Mujer desnuda bañándose*, 1942

Joaquín Villegas, *El padre eterno pintando a la Virgen de Guadalupe*, siglo XVIII

Rosario Cabrera, *Niña con manzana, Niño de luto*, s / f

Saturnino Herrán, *El guerrero*, 1917

Antonio Peláez, *Mujer en el umbral*, 1948

Leandro Izaguirre, *Yago*, 1898

Anónimo, *Fray Francisco de San José y Solier*, 1778

Francisco Eduardo Tresguerras, *Ocios y otras piezas apologéticas*, s / f

Anónimo, *Auto de Fe en el pueblo de San Bartolomé Solotepec*, 1716

MUSEO DE ARTE MODERNO

Angelina Beloff, *Máscaras y muñecas*, 1955

Gabriel Fernández Ledezma, *Terrible siniestro*, 1928

Jorge González Camarena, *Vendedora*, s / f

Alfonso Peña, *Tehuanas*, 1939

Alfredo Zalce, *La carnicería*, 1943

Rafael Coronel, *Sin título*, s / f

Alfredo Ramos Martínez, *Maternidad*, s / f

Ignacio Rosas, *Bodegón*, 1947

Federico Cantú, *Autorretrato*, 1934

Enrique Echeverría, *Los futbolistas*, 1962

José Castro Leñero, *Medusa azul*, 1992

Óscar Ratto, *Los aplausos de Baco*, 1991

Mariano Villalobos, *La energía de los esclavos*, 1992

Luciano Spanó, *Hombre sin trapecio*, 1992

Amador Lugo, *Escena del mezquital*, s / f

Leonel Maciel, *Mulata de tal no. 2*, 1982

Arturo Mecalco, *La vida no vale nada* (serie), s / f

MUSEO NACIONAL DEL VIRREINATO

Miguel Molero, *Casulla y estola*, siglo XVIII

Anónimo, *Virgen María*, siglo XVI

BIBLIOTECA DE MÉXICO

Colección de diccionarios en lenguas mexicanas, siglos XVI al XIX

INSTITUTO NACIONAL DE BELLAS ARTES

Rogelio Cuéllar, *Archivo fotográfico*

José Chávez Morado, *Geometría guanajuatense*, 1973

BIBLIOTECA NACIONAL DE ANTROPOLOGÍA E HISTORIA

Guillermo Dupaix, *Cuatro dibujos y un manuscrito*, ca. 1805

FUNDACIÓN CULTURAL BANCOMER

EL COLOR DE LA MÚSICA
FOTOGRAFÍA: GEORGE O. JACKSON

Esta institución fue creada en 1990 por Bancomer con el fin de promover y enriquecer el patrimonio cultural de México. Por medio de diferentes programas se fomentan actividades artísticas, educativas y culturales. Entre los programas más importantes destacan el Fideicomiso para la Cultura México-Estados Unidos, creado con el fin de incrementar los intercambios culturales entre los dos países; el Programa de Arte Popular Mexicano, para fomentar y rescatar técnicas y artesanías en vías de extinción; el Programa de Artes Plásticas, que da apoyo a los artistas mexicanos, y el Fondo de Financiamiento a la Cultura, mediante el cual se apoya la restauración de zonas arqueológicas, entre muchos otros.

AV. UNIVERSIDAD 120
XOCO-COYOACÁN
03339 MÉXICO, D.F.
TELS 6 21 5122
621 3963
FAX 621 3963
L. A V. DE 10-18 HRS

MÉXICO

This institution was created in 1990 by Bancomer with the aim of promoting and enriching the cultural patrimony of Mexico, through different programs which encourage artistic, educational and cultural activities. Among the foundation's most important programs are the Fund for Culture Mexico-United States created to expand the cultural exchange between these two countries; the Visual Arts Program which supports Mexican artists; and the Mexican Popular Arts Program to promote and reevaluate endangered techniques and craftsmanship; the Financing Fund for Culture which supports the restoration of archeological zones, among many other activities.

FUNDACIÓN ZÚÑIGA LABORDE, A.C.

Francisco Zúñiga
Grupo frente al mar, 1984
Bronce II/IV
187 cm de alto x 127 cm de largo x 110 de fondo cm

Nuestra fundación fue creada hace más de 20 años para difundir la obra plástica de Francisco Zúñiga, que inicia su actividad creativa en 1923 en Costa Rica y la abandona en 1993 en México. Hoy, en el mercado del arte y en respuesta a una demanda importante, existen obras atribuidas a él y falsificaciones. En beneficio de aquellos que han coleccionado la obra original durante muchos años y de buena fe, nos hemos abocado a la tarea de autentificar los originales que carecen de certificado. Existen a la venta obras disponibles. Previa cita, atenderemos sus consultas.

APARTADO POSTAL 22-531
TLALPAN
14050 MÉXICO, D.F.
TEL (525) 665 3451
FAX (525) 666 9737
MA. A V. DE 15-17 HRS

MÉXICO

Elena L. de Zúñiga. *Presidente*
Ariel Zúñiga. *Director*

This foundation was created more than twenty years ago to promote the works of Franciso Zúñiga, who began his artistic career in Costa Rica in 1923 and who died in Mexico in 1993. Today, paintings falsely attributed to Zúñiga and forgeries have entered the market due to a large demand for his works. The foundation has assumed the task of certifying those works which are authentic for the benefit of those who in good faith have collected the original works of Zúñiga over many years. Works are available for sale. Appointments should be made for consultations.
Elena L. de Zúñiga, President
Ariel Zúñiga, Director

Directorio de Museos

Antiguo Colegio de San Ildefonso
Justo Sierra 16
Centro Histórico
06000 México, D.F.
Teléfonos 789 2505, 702 2834, 702 3254
Fax 702 5223
Ma. a D. de 10 a 18 horas

Casa-Museo Luis Barragán
Francisco Ramírez 14
Tacubaya
11870 México, D.F.
Teléfono 515 4908

Centro Cultural/Arte Contemporáneo
Campos Elíseos y Jorge Eliot
Polanco
11560 México, D.F.
Teléfono 282 0355
Fax 281 1550
Ma. a D. de 10 a 18 horas
Mi. de 10 a 20 horas

Centro de la Imagen
Plaza de la Ciudadela 2
Centro Histórico
06040 México, D.F.
Teléfonos 709 6058, 709 6095, 709 1510
Fax 709 1599
Ma. a D. de 11 a 18 horas

Ex Templo de Santa Teresa la Antigua
Lic. Primo de Verdad 8
Centro Histórico
06060 México, D.F.
Teléfono 522 9093
L. a D. de 10 a 18 horas

Museo de la Acuarela
Salvador Novo 88
Coyoacán
04000 México, D.F.
Teléfono 554 1801
Fax 554 1784
Ma. a D. de 11 a 18 horas

Museo del Anahuacalli
Calle del Museo 150

San Pablo Tepetlapa, Coyoacán
04620 México, D.F.
Teléfonos 677 2984, 677 2873
Ma. a D. de 15 a 18 horas

Museo Arqueológico del Cerro de la Estrella
Carretera Escénica al Cerro de la Estrella s/n
Ampliación Veracruzana
09860 México, D.F.
L. a S. de 9 a 15 horas
D. de 9 a 18 horas

Museo Arqueológico de Xochimilco
Tenochtitlán s/n
Santa Cruz Acalpixca
Xochimilco
16500 México, D.F.
Teléfono 641 6847
Ma. a D. de 10 a 17 horas

Museo de Arte Carrillo Gil
Avenida Revolución 1608
San Ángel
01000 México, D.F.
Teléfonos 550 6289, 550 6260
Fax 550 4232
Ma. a D. de 10 a 18 horas

Museo de Arte Contemporáneo Internacional Rufino Tamayo
Paseo de la Reforma y Gandhi s/n
Bosque de Chapultepec
11580 México, D.F.
Teléfonos 286 5889, 286 5939, 286 6519
286 6599
Fax 286 6539
Ma. a D. de 10 a 18 horas

Museo de Arte Moderno
Paseo de la Reforma y Gandhi
Bosque de Chapultepec
11560 México, D.F.
Teléfonos 553 6233, 211 8331, 211 8729
Fax 553 6211
Ma. a D. de 10 a 17:30 horas

Museo de Artes Gráficas Juan Pablos
Galileo 101
Polanco
11580 México, D.F.
Teléfono 280 4689
Fax 280 4713
L. a V. de 9 a 17 horas
S. de 9 a 13 horas

Museo del Automóvil
Av. División del Norte 3572
San Pedro Tepetlapa, Coyoacán
04620 México, D.F.
Teléfonos 679 8678, 677 9764
Fax 679 2599
Ma. a D. de 10 a 19 horas

Museo de la Basílica de Guadalupe
Plaza Hidalgo 1
Villa de Guadalupe
07050 México, D.F.
Teléfono 577 6022 ext. 137
Ma. a D. de 10 a 18 horas

Museo del Caracol
Galería de Historia
1ª Sección del Bosque de Chapultepec
11580 México, D.F.
Teléfonos 553 6285, 553 6391, 286 3975
Ma. a S. de 9 a 17 horas
D. de 10 a 16 horas

Museo de la Caricatura
Donceles 99-A
Centro Histórico
06020 México, D.F.
Teléfonos 702 7657, 789 1408
Fax 795 1187
L. a V. de 10 a 17 horas
S. de 10 a 15 horas

Museo a Casa Alfonso Reyes
Benjamín Hill 122
Condesa
06140 México, D.F.
Teléfono 515 2225
L. a S. de 11 a 15 horas

Museo a Casa de Carranza
Río Lerma 35
Cuauhtémoc
06500 México, D.F.
Teléfono 546 6494

Fax 535 2920
Ma. a S. de 9 a 17 horas
D. de 11 a 15 horas

Museo a Casa León Trotsky
Av. Río Churubusco 410
Del Carmen Coyoacán
México, D.F.
Teléfonos 658 8732, 554 0687
Ma. a D. de 10 a 17 horas

Museo a Casa del Risco
Centro Cultural Isidro Fabela
Plaza de San Jacinto 15
San Ángel
01000 México, D.F.
Teléfono 616 2711
Fax 550 9286

Museo del Claustro de Sor Juana
Plaza San Jerónimo 47
Centro Histórico
México, D.F.
Teléfonos 709 5756, 709 3665, 709 5560
L. a V. de 9 a 18 horas

Museo de El Carmen
Av. Revolución y Callejón del Monasterio
San Ángel
01000 México, D.F.
Teléfonos 616 1177, 616 2816
Ma. a D. de 10 a 16:45 horas

Museo de la Charrería
Isabel la Católica 108
Centro Histórico
06080 México, D.F.
Teléfonos/Fax 709 4793, 709 4838, 709 5032
L. a V. de 9:30 a 19:30 horas

Museo de la Ciudad de México
Pino Suárez 30
Centro Histórico
06060 México, D.F.
Teléfonos 522 9936, 542 0487, 542 0671
542 8883
Fax 522 3640
Ma. a D. de 10 a 17:30 horas

Museo Cuicuilco
Insurgentes Sur esquina Periférico
Isidro Fabela
14030 México, D.F.

Teléfono 606 9758
L. a D. de 9 a 17 horas

MUSEO DOLORES OLMEDO PATIÑO
Av. México 5843
La Noria, Xochimilco
16000 México, D.F.
Teléfonos 555 1016, 555 0891
Fax 555 1642
Ma. a D. de 10 a 18 horas

MUSEO ESTUDIO DIEGO RIVERA
Diego Rivera 2
San Ángel Inn
01060 México, D.F.
Teléfonos 550 1189, 616 0996
Fax 550 1004
Ma. a D. de 10 a 18 horas

MUSEO FRANZ MAYER
Avenida Hidalgo 45
Plaza de la Santa Veracruz
Centro Histórico
06050 México, D.F.
Teléfono 518 2266 al 71
Fax 521 2888
Ma. a D. de 10 a 17 horas

MUSEO FRIDA KAHLO
Londres 247 esquina Allende
Del Carmen Coyoacán
04100 México, D.F.
Teléfono 554 5999
Fax 658 5778
Ma. a D. de 10 a 18 horas

MUSEO DE HISTORIA NATURAL
Av. Constituyentes s/n
2ª Sección del Bosque de Chapultepec
11800 México, D.F.
Teléfonos/Fax 515 2222, 515 6304
Ma. a D. de 10 a 17 horas

**MUSEO DE LA INDUMENTARIA MEXICANA
LUIS MÁRQUEZ ROMAY**
Plaza San Jerónimo 47
Centro Histórico
06080 México, D.F.
Teléfonos 709 4066 ext. 120, 709 5493
709 4026
Fax 709 5635
Ma. a D. de 10 a 17 horas

MUSEO JOSÉ LUIS CUEVAS
Academia 13
Centro Histórico
06060 México, D.F.
Teléfonos 542 8959, 542 6198
Fax 542 8959
Ma. a D. de 10 a 18 horas

MUSEO LEGISLATIVO
Av. Congreso de la Unión 68
El Parque
México, D.F.
Teléfono 628 1477
Ma. a D. de 10 a 18 horas

MUSEO DE LA MEDICINA MEXICANA
República de Brasil 33
Centro Histórico
06020 México, D.F.
Teléfonos 529 7542, 529 6416
Fax 526 3853
L. a D. de 9 a 18 horas

MUSEO MURAL DIEGO RIVERA
Plaza Solidaridad
Centro Histórico
06040 México, D.F.
Teléfono 512 0754
Fax 510 2329
Ma. a D. de 10 a 18 horas

MUSEO NACIONAL DE ANTROPOLOGÍA
Paseo de la Reforma y Gandhi
Polanco
11560 Mexico, D.F.
Teléfonos 553 6266, 553 6554, 553 6243
Fax 286 1791
Ma. a S. de 9 a 19 horas
D. de 10 a 18 horas

MUSEO NACIONAL DE ARQUITECTURA
Palacio de Bellas Artes, 4° piso
Av. Hidalgo y Eje Central Lázaro Cárdenas
Centro Histórico
06050 México, D.F.
Teléfono 709 3111
Ma. a D. de 10 a 18 horas

MUSEO NACIONAL DE ARTE
Tacuba 8
Centro Histórico
06010 México, D.F.
Teléfonos 512 3224, 521 7461

Fax 521 7320
Ma. a D. de 10 a 17:30 horas

**MUSEO NACIONAL DE ARTES
E INDUSTRIAS POPULARES**
Av. Juárez 44
Centro Histórico
06050 México, D.F.
Teléfono 521 6679
Fax 510 3404
M. a D. de 9 a 18 horas

MUSEO NACIONAL DE LAS CULTURAS
Moneda 13
Centro Histórico
06060 México, D.F.
Teléfono 512 7452
Fax 542 0422
Ma. a D. de 9:30 a 18 horas

MUSEO NACIONAL DE CULTURAS POPULARES
Av. Hidalgo 289
Del Carmen Coyoacán
04100 México, D.F.
Teléfonos 554 8968 , 554 8357
Fax 659 8346
Ma. a D. de 10 a 18 horas

MUSEO NACIONAL DE LA ESTAMPA
Hidalgo 39
Plaza de la Santa Veracruz
Centro Histórico
06050 México, D.F.
Teléfonos 521 2244, 510 4905
Fax 521 2244
Ma. a D. de 10 a 18 horas

MUSEO NACIONAL DE HISTORIA
Castillo de Chapultepec
1ª Sección del Bosque de Chapultepec
11580 México, D.F.
Teléfonos 286 0700, 553 6246
Fax 553 6268
Ma. a D. de 9 a 17 horas

**MUSEO NACIONAL DE LAS INTERVENCIONES
EX CONVENTO DE CHURUBUSCO**
20 de Agosto y General Anaya
Churubusco a Coyoacán
04120 México, D.F.
Teléfonos 604 0699, 688 7926
Fax 604 0981
Ma. a D. de 9 a 18 horas

MUSEO NACIONAL DE LA REVOLUCIÓN
Plaza de la República
(Sótano del Monumento a la Revolución)
Tabacalera
06030 México, D.F.
Teléfono 546 2115
Fax 566 1902
Ma. a S. de 9 a 17 horas
D. de 9 a 15 horas

MUSEO DEL PALACIO DE BELLAS ARTES
Av. Juárez y Av. Hidalgo 1
Centro Histórico
06050 México, D.F.
Teléfono 709 3111 exts. 164, 175, 212
Fax 510 1388
Ma. a D. de 10 a 18 horas

MUSEO POSTAL
Eje Central Lázaro Cárdenas y Tacuba
Centro Histórico
06000 México, D.F.
Teléfonos 512 7987, 510 2999
L. a V. de 10 a 18 horas
S. de 10 a 14 horas

MUSEO DE SAN CARLOS
Puente de Alvarado 50
Tabacalera
06030 México, D.F.
Teléfonos 566 8522, 592 3721
Fax 566 8085
Mi. a L. de 10 a 18 horas

MUSEO SERFIN
Madero 33
Centro Histórico
06000 México, D.F.
Teléfono 518 4387
Ma. a D. de 10 a 17 horas

MUSEO SOUMAYA
Plaza Loreto
Av. Revolución y Río Magdalena
Tizapán, San Ángel
01090 México, D.F.
Teléfono 616 3737

**MUSEO TECNOLÓGICO DE LA COMISION
FEDERAL DE ELECTRICIDAD**
2ª Sección del Bosque de Chapultepec
11870 México, D.F.
Teléfonos 516 0964, 516 0965, 515 6510

Fax 516 5520
Ma. a D. de 9 a 17 horas

MUSEO DEL TEMPLO MAYOR
Seminario 8
Centro Histórico
06060 México, D.F.
Teléfonos 542 0606, 542 4943, 542 4784
Fax 542 1717
Ma. a D. de 10 a 17 horas

MUSEO UNIVERSITARIO DEL CHOPO
Enrique González Martínez 10
Santa María la Ribera
06400 México, D.F.
Teléfono 546 5484
Fax 535 2186
Mi. a D. de 10 a 14 y de 16 a 19 horas

**MUSEO UNIVERSITARIO CONTEMPORÁNEO
DE ARTE**
Torre de Rectoría, lado sur
Insurgentes Sur s/n
Circuito Interior
Ciudad Universitaria
04510 México, D.F.
Teléfonos 622 0298, 550 7863, 6220305
Fax 622 0399
L. a V. de 10 a 19 horas

PAPALOTE. MUSEO DEL NIÑO
Circuito
2ª Sección del Bosque de Chapultepec
11820 México, D.F.
Teléfono 224 1260
L. a D. de 9 a 13 horas y de 14 a 18 horas

PINACOTECA DEL TEMPLO DE LA PROFESA
Isabel La Católica 21
Centro Histórico
06000 México, D.F.
Teléfono 512 7862
D. de 12 a 14 horas

PINACOTECA VIRREINAL DE SAN DIEGO
Dr. Mora 7
Centro Histórico
06050 México, D.F.
Teléfono 510 2793
Fax 512 2079
Ma. a D. de 9 a 17 horas

**SALA DE ARTE PÚBLICO
DAVID ALFARO SIQUEIROS**
Tres Picos 29
Polanco
11560 México, D.F.
Teléfono 545 5952
Fax 531 3394
Ma. a D. de 10 a 18 horas

**UNIVERSUM. MUSEO DE LAS CIENCIAS
DE LA UNAM**
Antiguo Edificio de Conacyt-Edificio A
Circuito Cultural CU
04510 México, D.F.
Teléfonos 665 4527, 622 7299, 622 7308
Fax 665 4418
L. a V. de 9 a 17 horas
S. y D. de 10 a 17 horas

GUADALAJARA

CASA DE LA CULTURA LA MOREÑA
La Barca, Jalisco
Teléfono 50 029
Ma. a D. de 10 a 18 horas

EX CONVENTO DEL CARMEN
Av. Juárez 638
Moderna
44100 Guadalajara, Jalisco
Teléfonos (3) 614 7184, (3) 614 8383
(3) 614 0815, (3) 613 1544
L. a S. de 9 a 21 horas

INSTITUTO CULTURAL CABAÑAS
Cabañas 8
Plaza Tapatía
44360 Guadalajara, Jalisco
Teléfonos (3) 617 4322, (3) 617 4034
Fax (3) 617 4601
Ma. a S. de 10 a 18 horas
D. de 10 a 15 horas

MUSEO DE LAS ARTES
Universidad de Guadalajara
Av. Juárez y Enrique Díaz de León
44100 Guadalajara, Jalisco
Teléfonos 825 4868, 826 9233, 826 9183
826 6564
Fax 626 7723
L. a. S. de 10 a 19 horas

Museo de la Ciudad
Independencia 684
Sector Hidalgo
44200 Guadalajara, Jalisco
Teléfonos 658 3706 , 658 2665, 658 2531
Ma. a S. de 10 a 17 horas
D. de 10 a 15 horas

Museo Nacional de la Cerámica de Tonalá, Jalisco
Constitución 104
45400 Tonalá, Jalisco
Teléfono 683 0494
Ma. a V. de 10 a 17 horas
S. de 10 a 15 horas
D. de 10 a 14 horas

Museo Regional de Guadalajara
Liceo 60
Sector Hidalgo
44100 Guadalajara, Jalisco
Teléfono 614 9957
Fax 613 2670
Ma. a D. de 9 a 15:45 horas

Museo-Taller José Clemente Orozco
Aurelio Aceves 27
Sector Juárez, Arcos Vallarta
42200 Guadalajara, Jalisco
Teléfono 616 8329
L. a V. de 10 a 15 horas
S. de 10 a 13 horas

MONTERREY

Centro Cultural Alfa
Av. Roberto Garza Sada 1000
Fraccionamiento Carrizalejo
66254 Garza García, N.L.
Teléfonos (8) 356 5696, (8) 356 5033
(8) 356 5105, (8) 356 5165
Fax (8) 356 5945
Ma. a V. de 15 a 21:30 horas
S. de 14 a 21:30 horas
D. de 11 a 21:30 horas

Museo de Arte Contemporáneo de Monterrey. Marco
Zuazua y Ocampo s/n
64000 Monterrey, N.L.
Teléfonos (8) 342 4820, (8) 342 4830
(8) 345 2866

Fax (8) 342 9315
Ma. a S. de 11 a 19 horas
Mi. y D. de 11 a 21 horas

Museo Bernabé de las Casas
Hidalgo 909
65000 Mina, N.L.
Teléfonos (8) 60 706, (8) 60 722
Fax (8) 56 5401
Ma. a D. de 10 a 18 horas

Museo del Centenario
Libertad 116 Oriente
66200 San Pedro,Garza García, N.L.
Teléfonos (8) 338 3075, (8) 338 6019
(8) 338 0142
Fax (8) 338 6017
L. a D. de 8 a 20 horas

Museo de Historia Mexicana en Monterrey
Dr. Coss 445 Sur
Centro
64000 Monterrey, N.L.
Teléfonos (8) 345 9898, (8) 345 9188
(8) 345 9308, (8) 345 9422
Fax (8) 345 8684
Ma. a J. de 11 a 19 horas
V. a D. de 11 a 20 horas

Museo de Historia de Nuevo León
Zaragoza Sur s/n
64442 Monterrey, N.L.
Teléfonos 44 1971, 449183, 442503
Fax 44 4165
Ma. a D. de 10 a 18 horas

Museo de Monterrey
Av. Alfonso Reyes 2202 Norte
64442 Monterrey, N.L.
Teléfonos 372 4894, 375 3982, 374 1203
Fax 372 5302
Ma. a D. de 11 a 20 horas

Museo Regional de Nuevo León El Obispado
Rafael José Verger s/n
Obispado
64010 Monterrey, N.L.
Teléfono 346 0404
Fax 346 0133
Ma. a D. de 10 a 17 horas

MUSEO DEL VIDRIO
Zaragoza y Magallanes 517
Treviño
64570 Monterrey, N.L.
Teléfono (8) 329 1000 ext. 1222
Fax (8) 375 7649
Ma. a D. de 9 a 18 horas

PINACOTECA DE NUEVO LEÓN
Parque Niños Héroes
Av. Alfonso Reyes y Servicio Postal
Monterrey. N.L.
Teléfonos (8) 31 3952, (8) 31 5462
(8) 31 5472
Fax (8) 331 5402
Ma. a D. de 10 a 18 horas

OAXACA

**INSTITUTO DE ARTES GRÁFICAS
DE OAXACA. IAGO**
Macedonio Alcalá 507
68000 Oaxaca, Oaxaca
Teléfono (951) 669 80
Mi. a L. de 10:30 a 20 horas

**MUSEO DE ARTE CONTEMPORÁNEO DE
OAXACA. MACO**
Macedonio Alcalá 202
68000 Oaxaca, Oaxaca
Teléfono (951) 47 110
Fax (951) 684 99
Mi. a L. de 10:30 a 20 horas

**MUSEO DE ARTE PREHISPÁNICO
DE MÉXICO RUFINO TAMAYO**
Av. Morelos 503
68000 Oaxaca, Oaxaca
Teléfono (951) 647 50

Directorio de Fundaciones

FIDEICOMISO PARA LA CULTURA
MEXICO/U.S.A.
(Fundación Cultural Bancomer, Fundación
Rockefeller, Fondo Nacional para la Cultura
y las Artes)
Londres 16-PB
Juárez
06600 México, D.F.
Teléfono 592 5386
Fax 208 8943

FOMENTO CULTURAL BANAMEX, A.C.
Francisco I. Madero 17, 2° piso
Centro
06000 México, D.F.
Teléfonos 225 0120, 225 0247
Fax 225 0068

FONDO NACIONAL PARA LA CULTURA
Y LAS ARTES
Argentina 12-312
Centro Histórico
06020 México, D.F.
Teléfonos 702 1255, 789 3653
Fax 789 8734
L. a V. de 10 a 15 y de 17 a 20 horas

FUNDACIÓN CULTURAL BANCOMER
Av. Universidad 120
Xoco-Coyoacán
03339 México, D.F.
Teléfonos 621 5122, 621 5077
Fax 621 3963
L. a V. de 10 a 18 horas

FUNDACION CULTURAL TELEVISA, A.C.
Av. Chapultepec 57, 2° piso
Centro
06040 México, D.F.
Teléfonos 588 6362, 588 1593, 578 8072

FUNDACIÓN MIGUEL ALEMÁN, A.C.
Rubén Darío 187
Chapultepec Morales
11570 México, D.F.
Teléfonos 531 1936, 531 7065, 254 0716
250 6576
Fax 250 1043
L. a V. de 9:30 a 15:15 horas

FUNDACIÓN OLGA Y RUFINO TAMAYO, A.C.
Reforma y Gandhi s/n
Bosque de Chapultepec
11580 México, D.F.
Teléfono 534 9051
Fax 534 9016

FUNDACIÓN ZÚÑIGA LABORDE, A.C.
Apartado Postal 22-531
Tlalpan
14050 México, D.F.
Teléfono 665 3451
Fax 666 9737
Ma. a V. de 15 a 17 horas

GALERÍAS DE ANTIGÜEDADES

GALERÍAS LA GRANJA

Antonio Ramírez Montufar
Construcción de la catedral de Santiago de Los Caballeros, Guatemala
Ca. 1678
Óleo/tela
167 x 157 cm

Esta gran casa fue fundada en 1928 por Francisco González de la Fuente y llegó a ser tan importante la labor de este establecimiento que su fundador era conocido como Paco La Granja. Muchas de las piezas que encontramos hoy en varios museos de México fueron compradas y vendidas por este tradicional sitio donde se encuentra toda clase de obras. Desde hace algún tiempo, su actual propietario, el arquitecto Jesús González Vaquero, abre su tienda sólo con previa cita.

This impressive house was built in 1928 by Francisco González de la Fuente. The craft issued from this establishment became so important that its founder was known as Paco La Granja. Many of the pieces that today are featured in Mexican museums were originally bought and sold in this traditional store which offered a wide variety of works. Today, the store's owner and architect, Jesús González Vaquero, welcomes visitors through appointments only.

BOLÍVAR 16
CENTRO HISTÓRICO
MÉXICO, D.F.
TEL/FAX (73) 18 3212
ATENCIÓN PREVIA CITA

MÉXICO

PLAZA DEL ÁNGEL

Arcángel San Rafael
Siglo XVII
Escultura en madera policromada

El centro de antigüedades Plaza del Ángel es único en la República mexicana. Se inició como tal en noviembre de 1980. Cuenta con más de 30 establecimientos con lo mejor en muebles, candiles, objetos de arte, pintura y escultura antigua y contemporánea. También cuenta con un tianguis al aire libre todos los sábados de 10 a 18 horas, en el que participan 60 expositores de antigüedades, chácharas y objetos coleccionables para satisfacer una amplia gama de intereses y sensibilidades. Los establecimientos de Plaza del Ángel ofrecen tanto al coleccionista como a decoradores y corredores profesionales, además de la compra y venta directa, servicios tales como restauración de pinturas y de toda clase de objetos artísticos, avalúos, peritajes, consignaciones y corretajes.

LONDRES 161
Y HAMBURGO 150
ZONA ROSA
06600 MÉXICO, D.F.
TEL 208 9828
FAX 208 8935
S. DE 10-18 HRS

MÉXICO

The Plaza del Ángel Antique Center is the only establishment of its kind in Mexico. Founded in November 1980, it includes more than thirty shops that offer the best in furniture, chandeliers, art objects, paintings and both antique and contemporary sculpture. On Saturdays from 10 am to 6 pm, it is also the site of an open-air antique market which hosts some sixty vendors of antiques, trinkets and collectibles that satisfy a wide range of interests and tastes. In addition to the direct sale and purchase of objects, the Plaza del Ángel shops offer services in the restoration of paintings and art objects, appraisals, certifications, consignments and brokering to collectors as well as to decorators and dealers.

Rodrigo Rivero Lake

Niño Dios
Siglo VXII
Hispano-filipino
58 cm

Heredero de la antigua tradición mexicana del comercio con Asia, Rodrigo Rivero Lake ha revitalizado en México las galerías de antigüedades. Es experto en artes aplicadas orientales y la influencia de éstas en el arte colonial mexicano. Con 25 años de experiencia en importación de piezas de arquitectura de Indonesia, India, Filipinas y otros países, cuenta con una enorme bodega de piezas grandes como fachadas y puertas de madera. En su dirección de Campos Elíseos ofrece una rica selección de objetos de porcelana, cerámica, enconchados y platería. Especialista en marfiles católicos asiáticos. Es miembro de la Oriental Ceramic Society de Londres.

CAMPOS ELÍSEOS 199
POLANCO
11560 MÉXICO, D.F.
ALMACÉN
BLVD. TOLUCA 33
MÉXICO, D.F.
TEL 281 5505
FAX 281 5377
MA. A D. DE 10-20 HRS

MÉXICO

Continuing a Mexican tradition of commerce with Asia, Rodrigo Rivero Lake has revitalized the concept of an antique gallery in Mexico. He is an expert on the Oriental manual arts and their influence on Mexican colonial art, with twenty-one years of experience in the import of architectural pieces from Indonesia, India, the Philippines and other countries. Rodrigo Rivero Lake features a giant warehouse of large pieces such as façades and wooden doors. The proprietor also offers a wide selection of porcelain, ceramics, works inlaid with shells and silver pieces at his store on Campos Elíseos. He is an expert in ivory pieces from Asia and a member of the Oriental Ceramic Society of London.

En el corazón de la colonia Roma se encuentra esta galería de antigüedades que se especializa en arte mexicano popular, sin hacer a un lado el arte mexicano en cerámica, barro y cobre, así como los muebles y la orfebrería. Sus directores conocen bien los elementos atractivos para decorar, con ollas y tinas de barro, puertas de madera, pisos de piedra, etcétera. Cuentan con gran experiencia y el servicio es amable y personalizado. El propietario y director es el señor Gabriel Ruiz Burgos.

This antique gallery, specializing in traditional Mexican art is located in the heart of the Colonia Roma. It also features Mexican works in ceramics and clay, as well as furniture, silver and copper pieces. The gallery's directors are well aware of the attractive elements needed to decorate with earthenware vessels, wooden doors and stone floors. They offer years of experience as well as friendly and personalized service. The proprietor and director is Gabriel Ruiz Burgos.

DURANGO 87
ROMA
06700 MÉXICO, D.F.
TEL 207 8821
L. A V. DE 11-15
Y DE 16-19 HRS
S. DE 11-15 HRS

MÉXICO

La Pesca. Antigüedades

Los conocedores reconocen la calidad y el gusto que distingue a La Pesca de otras casas de antigüedades. Desde hace dos años, en Monterrey, Nuevo León, podemos encontrar una selección esmerada de auténticas antigüedades francesas, italianas, inglesas, españolas y latinoamericanas. Una tienda para quienes saben, o para quienes quieren saber. En todo caso para quienes de verdad disfrutan el valor estético de los objetos que cotidianamente nos rodean. Atención personalizada.

Our patrons recognize the quality and taste that distinguishes La Pesca from other antique shops. For the past two years we have been able to offer our clients in Monterrey, Nuevo León, a meticulous selection of authentic French, Italian, English, Spanish and Latin American antiques, in addition to personalized attention. A store for those who know—and those who are curious—it is a place for people who truly enjoy the aesthetic value of the objects that surround them in their daily lives.

VASCONCELOS PTE. 204-3
66250 GARZA
GARCÍA, N.L.
TELS 378 4011
335 9700

MÉXICO

Directorio de Galerías de Antigüedades

Las Águilas Bazar
Londres 161, local 22
Juárez
06600 México, D.F.
Teléfono 511 7907
Fax 514 9881
L. a V. de 10 a 14 y de 16 a 20 horas

Antigüedades Imperio
Hamburgo 149
Juárez
06600 México, D.F.
Teléfonos 525 5798, 533 4803

Antigüedades Los Morales
Bulevar Manuel Avila Camacho 247-2
Polanco
11560 México, D.F.
Teléfonos 395 0898, 395 5497
Fax 395 9549
L. a V. de 9 a 15 y de 16 a 19 horas
S. de 10 a 14 horas

Antigüedades San Cristóbal
Durango 87
Roma
06700 México, D.F.
Teléfono 207 8821
L. a V. de 11 a 15 y de 16 a 19 horas
S. de 11 a 15 horas

Attik. Antigüedades
Hamburgo 150 , local 10
Juárez
06600 México, D.F.
Teléfono 514 1712
L. a V. de 10 a 14 y de 16 a 20 horas

Bazar La Luna
Londres 161, local 23-A
Juárez
06600 México, D.F.
Teléfono 207 1816
Fax 849 0404
L. a V. de 10 a 14 y de 16 a 20 horas

Ben Joseph. Objects of art
Londres 161, local 26
Juárez
06600 México, D.F.
Teléfono 207 1762
L. a V. de 10 a 14 y de 16 a 20 horas

Casa Real
Londres 161, local 24
Juárez
06600 México, D.F.
Teléfono 525 8933
L. a V. de 10:30 a 14 y de 16 a 20 horas

Cristóbal. Bazar de Antigüedades
Londres 161, local 7
Juárez
06600 México, D.F.
Teléfono 525 8304
L. a V. de 10 a 14 y de 16 a 20 horas

Daniel Liesbsohn. Arte y Antigüedades
Londres 161, local 49
Juárez
06600 México, D.F.
Teléfono 525 3327
Fax 225 2050
L. a V. de 10 a 19:30 horas
S. de 10 a 18 horas

La Escalera de Cristal
Londres 161, local 23
Juárez
06600 México, D.F.
Teléfono 514 9714
L. a V. de 10 a 14 y de 15 a 20 horas
S. de 10 a 18 horas

Feria Internacional de Anticuarios
Guaymas 8-407
Roma
06700 México, D.F.
Teléfono 208 7468
Fax 514 9972

GALERÍA ANDREA
Londres 161, local 17
Juárez
06600 México, D.F.
Teléfono 525 9328
L. a S. de 10 a 14 y de 16 a 20 horas

GALERÍA ANGÉLICA ANTIGÜEDADES
Londres 161, local 44
Juárez
06600 México, D.F.
Teléfono 533 2341
L. a V. de 11 a 15 y de 17 a 20 horas
S. de 11 a 16 horas

GALERÍA DE ANTIGÜEDADES
Hamburgo 150, local 4-A
Juárez
06600 México, D.F.
Tel 525 4153
L. a S. de 12 a 19 horas

GALERÍA COLONIART
Estocolmo 37
Zona Rosa
06600 México, D.F.
Teléfonos 525 8928, 514 4799
L. a V. de 10 a 19 horas
S. de 11 a 14 horas

GALERÍAS LA GRANJA
Bolívar 16
Centro Histórico
06080 México, D.F.
Teléfonos (73) 18 3663, (73) 18 3212
Atención previa cita

GALERÍAS GOMART. ARTE Y ANTIGÜEDADES
Londres 161, local-9
Juárez
06600 México, D.F.
Teléfono 208 9835
Fax 208 8935
L. a V. de 10 a 4 y de 16 a 20 horas

GALERÍA DE LUCERO ANTIGÜEDADES
Londres 161, local 41
Juárez
06600 México, D.F.
Tel 533 4341
L. a V. de 10 a 14 y de 16 a 20 horas

GALERÍA LOS TRES NOVIOS
Londres 161, local 13
Juárez
06600 México, D.F.
L. a V. de 10 a 14 y de 16 a 20 horas

GALERÍA MORENO, S.A.
Homero 1426
Polanco
11590 México, D.F.
Teléfonos 580 0294, 395 2997
Fax 395 2997
L. a V. de 10:30 a 19 horas

JAWAD GALERÍAS
Hamburgo 150, local 53
Juárez
06600 México, D.F.
Teléfono 525 0581
L. a S. de 11 a 20 horas

MARÍA LUISA ANTIGÜEDADES
Londres 161, local 20
Juárez
06600 México, D.F.
Teléfono 525 6192
L. a V. de 12 a 20 horas
S. de 10 a 17 horas

OPCIONES BODEGA DE ARTE
Hamburgo 150, local 14-A
Juárez
06600 México, D.F.
Teléfono 525 4153
L. a S. de 10 a 14 y de 16 a 20 horas

ÓSCAR LOZANO. ANTIGÜEDADES
Hamburgo 150, local 3
Juárez
06600 México, D.F.
Teléfono 511 0422
L. a V. de 11 a 20 horas
S. de 10 a 18 horas

PALAIS ROYAL
Londres 161, local 19
Juárez
06600 México, D.F.
Tel 511 1908
L. a V. de 15 a 19 horas
S. de 11 a 16 horas

Plaza del Ángel
Londres 161 y Hamburgo 150
Zona Rosa
06600 México, D.F.
Teléfono 208 9828
Fax 208 8935
S. de 10 a 18 horas

Florencia Riestra
Londres 161, local 50
Juárez
06600 México, D.F.
Teléfono/Fax 514 2537
L. a V. de 10 a 19 horas
S. de 10 a 18 horas

Regencia
Londres 161, local 25
Juárez
06600 México, D.F.
Teléfono 511 1908
L. a V. de 12 a 15 y de 17 a 20 horas
S. de 10 a 17 horas

Rincon del Ángel
Londres 161, local 17
Juárez
06600 México, D.F.
Teléfono 525 9328, 525 8933
Fax 511 0329
L. a V. de 10 a 14 horas y de 16 a 20 horas

Rodrigo Rivero Lake
Campos Elíseos 199
Polanco
11560 México, D.F.
Teléfonos 281 5505, 281 5377
Fax 281 5377
Ma. a D. de 10 a 20 horas

Enrique Romero
Polanco 8
Polanco
11580 México, D.F.
Teléfonos 250 2614, 250 2747
Fax 255 5371
L. a V. de 10 a 15 y de 17 a 19 horas

Sosa Bazar
Londres 161, local 42
Juárez
06600 México, D.F.
Teléfono 525 5923
L. a V. de 10 a 20 horas
S. de 9 a 18 horas

GUADALAJARA

Antigüedades Montecristo
Bulevar Orozco y Jiménez 2001
Lagos de Moreno
47400 Lagos de Moreno, Jalisco
Teléfono (474) 210 89, 202 49
Fax (474) 210 89

MONTERREY

La Pesca. Antigüedades
Vasconcelos Poniente 204-3
066250 Garza García, N.L.
Teléfonos 378 4011, 335 9700

DE MEXICO

Próximamente,
esta Guía podrá ser
consultada vía INTERNET
Artes de México pone
al arte en informática.

LIBRERÍAS DE ARTE

Librería Gandhi

Gandhi Bellas Artes

En el sur de la ciudad de México es ya una tradición de cinco lustros conocer las novedades editoriales en Gandhi y comprarlas siempre con grandes descuentos. Existe en la librería una importante sección de libros de arte, otra de discos y una cafetería donde también se llevan a cabo exposiciones de arte. En el Centro Histórico frente al Palacio de Bellas Artes, Gandhi abrió recientemente una nueva librería especializada en arte, con el mismo extenso surtido y los descuentos ya habituales. También en Guadalajara, en la amplia avenida Chapultepec, Gandhi abrió una librería con todo su estilo, incluyendo una muy frecuentada cafetería.

It has become a tradition over the last twenty-five years to peruse the novelties offered at discount prices by the Gandhi bookstore in the south of Mexico City. The bookstore features an important selection of art books, CDs and a café which also features art exhibitions. In Mexico City's Historic Center, in front of the Palace of Fine Arts, Gandhi recently opened a new book shop specializing in art, with a wide assortment of titles at the discounted prices for which they are known. In Guadalajara, on the ample Avenida Chapultepec, Gandhi also opened a bookstore in the style of its Mexico City stores which features an active café.

MIGUEL ÁNGEL DE
QUEVEDO 134
CHIMALISTAC
01050 MÉXICO, D.F.
TELS 661 0601
661 1041 / 662 0988
FAX 661 2043
L. A V. DE 9-21 HRS
S. Y D. DE 10-20 HRS

MÉXICO

LIBRERÍA DEL MUSEO FRANZ MAYER

En uno de los edificios antiguos y más acoge-dores del Centro Histórico, sobre la Plaza de la Santa Veracruz, atrás de la Alameda, se encuentra el Museo Franz Mayer, que tiene en sus instala-ciones una librería especializada en arte. Se hace en ella un énfasis lógico en el tema central del Museo que son las artes aplicadas, pero es el libro de arte en general lo que sus asiduos saben que pueden encontrar o encargar con confianza en esta librería. También hay en ella carteles, posta-les y revistas. El claustro del Museo, con su jardín, su fuente, su café puede hacer de la visita a la librería un momento muy agradable.

The Franz Mayer Museum is housed in one of the most pleasant buildings of Mexico City's Historic Center, on the Plaza de la Santa Veracruz, behind the Alameda. The museum in-cludes a bookstore which spe-cializes in art publications. Like the museum, the book-store naturally focuses on the applied arts, but visitors will be able to find, if not order, art books in general. The bookstore also sells posters, postcards and magazines. The museum's cloister—with its garden, fountain and café—will make a visit to the bookstore all the more enjoyable.

Av. Hidalgo 45
Plaza de la Santa Veracruz
Centro Histórico
06050 México, D.F.
Tel 518 2265 al 71
Fax 521 2888
Ma. a D. de 10-17 hrs.

México

Librería Pegaso

Fotografía: Jorge Vértiz

Dentro del Centro de Cultura Casa Lamm, en el entrepiso de una casona de principios de siglo, uno de los edificios que definen el carácter de la colonia Roma, se encuentra la librería Pegaso. Sus espacios amplios, su elegante mobiliario, su inigualable surtido en libros de arte en varios idiomas, el servicio eficiente, la han hecho situarse en poco tiempo como una librería indispensable en la ciudad. Hay una sección grande de libros para niños y otra de revistas, carteles y postales. También cuenta con áreas para exposiciones de arte.

The Pegaso bookstore is located in the Casa Lamm Cultural Center, on the lower floor of a mansion constructed at the beginning of the century, a building which defines the character of the Colonia Roma district. The ample spaces, the elegant furnishings, the unequaled variety of art books in different languages and the efficient service have quickly established Pegaso as an indispensable bookstore in the city. It features a large selection of children's books, as well as posters, magazines and postcards. It also features a gallery for temporary exhibitions.

ÁLVARO OBREGÓN 99
ROMA
06700 MÉXICO, D.F.
TEL 511 1471
L. A V. DE 10-19 HRS
S. DE 11-20 HRS

MÉXICO

El Atril

Frente al parque central de la colonia Polanco, donde comienza la zona comercial, se encuentra la librería El Atril. Tenemos una exclusiva selección en arte mexicano y universal, arquitectura y diseño, gastronomía, literatura contemporánea, literatura infantil, discos compactos y revistas. Ofrecemos asesoría profesional y atención personalizada.

The El Atril bookstore is located in front of the Polanco district's main park, where the shopping area begins. El Atril has an exclusive selection of titles on Mexican and international art, contemporary literature, children's books, CDs and magazines. The staff offers professional consultation and personalized service.

MÉXICO

VIRGILIO 40-F
POLANCO
11260 MÉXICO, D.F.
TEL 281 2358
L. A V. DE 10-19 HRS
S.DE 11-16 HRS

El
Atril
LIBRERIA

BATIK

Dentro de uno de los más exclusivos centros comerciales de la avenida Masaryk, se encuentra ahora la conocida librería Batik. Lo mejor en libros de arte, arquitectura, decoración, jardinería, joyería, cocina, fotografía, cine y sobre México. En discos y cintas, Batik ofrece una buena selección de *jazz* y otra más de música brasileña.

The renowned Batik bookstore is located in one of the most exclusive shopping centers on Avenida Masaryk. The store offers a wide range of the best titles in art, architecture, decoration, gardening, jewelry, cookbooks, photography, film and books on Mexico. In tapes and cds, Batik features an extensive selection of Jazz and of Brazilian music.

MASARYK 393
LOCALES 13-15
POLANCO
11560 MÉXICO, D.F.
TELS 281 0362
281 0205
L. A S. DE 9-14
Y DE 16-18 HRS

MÉXICO

BATIK

Cafebrería El Péndulo

Especializada en literatura y arte, este lugar es uno de los más agradables de la ciudad. También cuenta con una importante sección de música y una cafetería muy activa, aquí se reúnen muchos escritores e intelectuales.

With an emphasis on literature and art, this is one of the most pleasant spots in the city. El Péndulo also offers a great selection of music and a very attractive café, where writers and intellectuals gather.

MÉXICO

Nuevo León 115
Condesa
06100 México, D.F.
Tel 286 9493
L. a V. de 9-22 hrs
S. y D. de 10-22 hrs

Cinemanía

Una librería especializada en "el séptimo arte" dentro de un nuevo concepto que ha arrancado con mucho éxito: tres salas de cinevideo con excelente calidad de exhibición y programadas con gusto especial, un bar atendido con el estilo del conocido Bar Milán, del cual es sucursal, y una librería de arte, teatro y cine donde también se pueden comprar películas. En la muy animada Plaza Loreto, al lado del Museo de Arte Soumaya, Cinemanía es uno de los lugares de la ciudad que no debe perderse.

The Cinemanía bookstore is devoted to the Seventh Art, forming part of a new concept that has taken off with a successful start. Cinemanía features three video-screening rooms with excellent projection and programming; a bar in the style of the well-known Bar Milán, of which it is an offshoot, and a bookstore featuring titles on art, theater and film, as well as movies on video. In the active Plaza Loreto, next to the Soumaya Art Museum, Cinemanía is one of the spots in Mexico City that should not to be missed.

PLAZA LORETO
AV. REVOLUCIÓN
Y RÍO MAGDALENA
SAN ÁNGEL
MÉXICO, D.F.
TELS 616 4836
616 4839

MÉXICO

EDUCAL

Una de las más activas empresas distribuidoras de libros y cadenas de librerías es Educal, que se encarga principalmente de distribuir los libros producidos por el Consejo Nacional para la Cultura y las Artes. El libro de arte tiene un lugar especial en sus librerías, especialmente en la del Palacio de Bellas Artes, aunque también en Aeropuerto y Templo Mayor.

Educal is one of the most active book chains and distributors. It primarily distributes titles published by Mexico's National Council on Culture and the Arts. Books on art are given special emphasis at Educal's bookstores, particularly at their outlet in the Palace of Fine Arts (Palacio de Bellas Artes), as well as at their branches at Mexico City's International Airport and the Templo Mayor.

MÉXICO

TEMPLO MAYOR
ARGENTINA 14
CENTRO HISTÓRICO
06020 MÉXICO, D.F.
TEL 702 1239
L. A S. DE 8-20 HRS
D. DE 10-17 HRS

educal, s.a. de c.v.

Los
ⅢⅢ**LIBROS**ⅢⅢ
tienen la palabra
RED NACIONAL DE LIBRERIAS

LIBRERÍA MADERO

Larga tradición librera en México tiene la Librería Madero, en el centro de la ciudad. Amplio surtido en arqueología, historia, antropología, poesía y arte. Hacemos evaluación y compra de bibliotecas. Atención personalizada.

The Madero bookstore has held a long tradition in Mexico City's Historic Center. Its friendly staff will help visitors with its wide selection of titles on archaeology, poetry and art. The bookstore appraises and purchases personal library collections.

MADERO 12
CENTRO HISTÓRICO
06040 MÉXICO, D.F.
TEL 510 2068
L. A V. DE 10-19:30 HRS
S. DE 10-17 HR

MÉXICO

Librería Madero

Librería del Museo de Arte Moderno

En la planta baja del Museo de Arte Moderno, en el Bosque de Chapultepec, se encuentra una de las más visitadas librerías de arte de la ciudad. Su atención especial al cliente la ha hecho ya una referencia importante para los compradores de los libros de arte disponibles en el mercado.

One of the most frequently-visited bookstores specializing in art is located on the main floor of Mexico City's Museum of Modern Art in Chapultepec Park. With personalized attention, this venue has become an important resource for book-buyers interested in the art books available on the market.

MÉXICO

PASEO DE LA REFORMA S/N
Y GANDHI
BOSQUE DE CHAPULTEPEC
11560 MÉXICO, D.F.
TEL 286 4753
FAX 553 6211
MA. A D. DE 10-18 HRS.

LIBRERÍA DEL MUSEO
JOSÉ LUIS CUEVAS

En el notable edificio restaurado que fuera convento de Santa Inés y ahora Museo José Luis Cuevas, en el centro de la ciudad, esta librería ofrece una buena selección de libros de arte y atención personalizada.

In the admirably restored Convent of Santa Inés in Mexico City's Historic Center which today houses the José Luis Cuevas Museum, this library offers both friendly service and a very good selection of art books.

ACADEMIA 13
CENTRO HISTÓRICO
06050 MÉXICO, D.F.
TEL 542 8959
542 6198
FAX 522 0156
MA. A S. DE 10-17:30 HRS

MÉXICO

MUSEO
JOSE LUIS
CUEVAS

Miguel Ángel Porrúa

Frente a la entrada del tradicional callejón de la Amargura, en una de las calles más bellas de lo que fuera el pueblo de San Ángel, hoy uno de los barrios con más carácter en la ciudad, está la librería Miguel Ángel Porrúa con su amplio surtido en libros de muy diversos temas.

The Miguel Ángel Porrúa bookstore is located at the entrance to the quaint Callejón de la Amargura, in one of the most charming streets of what was once the town of San Ángel, today a Mexico City district with a genuine character of its own. The store features a wide selection of books covering diverse topics of interest.

AMARGURA 4
SAN ÁNGEL
01000 MÉXICO, D.F.
TELS 661 0071
616 2830
FAX 550 2555
L. A V. DE 10-19 HRS
S. DE 10-15 HRS

MÉXICO

El Parnaso

En el corazón de Coyoacán, sobre la plaza central de la colonia, se encuentra la librería que es también centro privilegiado de reunión en el sur de la ciudad. Tenemos surtido en todo tipo de libros y una cafetería sobre la plaza.

This bookstore, located in the heart of Coyoacán, on its main square, is a favored gathering place in the south of Mexico City. In addition to its wide selection that caters to all kinds of book-buyers, the Parnaso also features a café that looks out over the plaza.

CARRILLO PUERTO 2
COYOACÁN
04000 MÉXICO, D.F.
TELS 658 3175
554 2225
FAX 659 5696
L. A D. DE 9-22 HRS

MÉXICO

LAS SIRENAS

Las Sirenas es una librería que se caracteriza por su selecto surtido de novedades y su atención esmerada. Se especializa en arte contemporáneo, fotografía, diseño, publicidad, cine y artesanías. Cuenta, asimismo, con secciones de literatura y poesía contemporánea, tanto en castellano como en inglés (Penguin, Vintage, etcétera), biografías, ensayos, literatura de mujeres y una amplia y variada sección de literatura infantil en inglés y en español.

Av. de la Paz 57
Local 22
San Ángel
01000 México, D.F.
Tel 550 3112
Fax 550 2383
Ma. a S. de 11-20 hrs
D. de 12:30-19 hrs

MÉXICO

Las Sirenas is a bookstore characterized by its select variety of recent publications and its attentive service to patrons. It specializes in contemporary art, photography, design, advertising, film and the manual arts. Las Sirenas also features a section devoted to contemporary fiction and poetry, including works in both Spanish and English (Penguin, Vintage and others), as well as biographies, essays, women's literature and a wide variety of children's books in English and Spanish.

STORE MUSEUM

Ya es posible tocar y llevarse a casa las piezas protegidas por vitrinas en los museos de todo el mundo. Store Museum te brinda la oportunidad de adquirir algo diferente para ti o para regalar. A precios accesibles puedes entrar al mágico mundo de las culturas antiguas con una gargantilla egipcia, aprender sobre la corriente cubista con un libro de Picasso, enredarte en los laberintos de Escher con un rompecabezas o cocinar al sazón de Frida Kahlo vistiendo un delantal de Diego Rivera.

Now replicas of several pieces preserved behind glass in museums throughout the world can be purchased. The Store Museum offers patrons the opportunity to buy something unusual for themselves or as a gift for friends. One can enter the magical world of ancient cultures with an Egyptian necklace, learn about Cubism through a book on Picasso, get lost in the labyrinths of an Escher jigsaw puzzle or cook à la Frida Kahlo with a Diego Rivera apron—all at affordable prices.

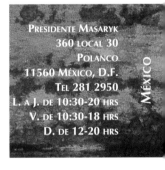

PRESIDENTE MASARYK
360 LOCAL 30
POLANCO
11560 MÉXICO, D.F.
TEL 281 2950
L. A J. DE 10:30-20 HRS
V. DE 10:30-18 HRS
D. DE 12-20 HRS

MÉXICO

Museum
store

DIRECTORIO DE LIBRERÍAS DE ARTE

AMERICAN BOOK STORE
Francisco I. Madero 25
Centro Histórico
06000 México, D.F.
Teléfonos 512 6350, 512 0264, 512 7279

EL ATRIL
Virgilio 40-F
Polanco
11560 México, D.F.
Teléfono 281 2358
L. a V. de 10 a 19 horas
S. de 11 a 16 horas

BATIK
Masaryk 393, local 13-15
Polanco
11560 México, D.F.
Teléfonos 281 0362, 281 0205, 280 9705
L. a S. de 9 a 14 y 16 a 18 horas

CAFEBRERÍA EL PÉNDULO
Nuevo León 115
Condesa
06100 México, D.F.
Teléfono 286 9493
L. a V. de 9 a 22 horas
S. y D. de 10 a 22 horas

CASA UNIVERSITARIA DEL LIBRO
UNAM
Orizaba 24
Roma
06700 México, D.F.
Teléfonos 511 4468, 207 9390

CINEMANÍA
Plaza Loreto
Av. Revolución y Río Magdalena
San Ángel
México, D.F.
Teléfonos 616 4836, 616 4839

EDUCAL
• **Templo Mayor**
Argentina 14
Centro Histórico

06020 México, D.F.
Teléfono 702 1239
L. a S. de 8 a 20 horas
D. de 10 a 17 horas
• **Bellas Artes**
Av. Juárez y Eje Central Lázaro Cárdenas
Centro Histórico
06050 México, D.F.
L. a D. de 10 a 21 horas
• **Aeropuerto**
Av. Capitán Piloto Aviador, local 79
Peñón de los Baños
15520 México, D.F.
Teléfono 726 0434
• **Centro Nacional de las Artes**
Río Churubusco y Calzada de Tlalpan
Country Club
L. a D. de 10 a 20 horas

LIBRERÍA BONILLA
Francia 17
Florida
01030 México, D.F.
Teléfono 534 7770
L. a S. de 9 a 14 y de 16 a 19 horas
• **Universum**
Zona Cultural
Ciudad Universitaria
04510 México, D.F.
Teléfono 622 7314

LIBRERÍA BRITÁNICA
Serapio Rendón 125
San Rafael
06470 México, D.F.
Teléfonos 705 0585, 525 0180
Fax 535 2009
L. a V. de 10 a 17 horas

LIBRERÍA BUÑUEL
Insurgentes Sur 36
Juárez
06600 México, D.F.
Teléfono 592 8204
L. a V. de 9 a 19 horas
S. de 10 a 19 horas

LIBRERÍA DE LA CINETECA NACIONAL
Av. México-Coyoacán 389
Xoco
03330 México, D.F.
Teléfono 688 1294
Ma. a D. de 10 a 15 y de 16 a 20 horas

LIBRERÍA DE CRISTAL
Tehuantepec 170
Roma Sur
06760 México, D.F.
Teléfono 564 4100
Fax 264 0983
L. a D. de 9 a 21 horas

LIBRERÍA EUREKA
Av. Universidad 1195-A
Del Valle
03100 México, D.F.
Teléfono/Fax 524 5328
L. a S. de 10 a 21 horas
D. de 16 a 21 horas

**LIBRERÍA DEL FONDO
DE CULTURA ECONÓMICA**
Carretera Picacho Ajusco 227
Bosques del Pedregal
14738 México, D.F.
Teléfono 227 4681
Fax 227 4683

LIBRERÍA GANDHI
Miguel Ángel de Quevedo 134
Chimalistac
01050 México, D.F.
Teléfonos 661 1041, 662 0601, 662 0988
Fax 661 2043
L. a V. de 9 a 21 horas
S. y D. de 10 a 20 horas
• **Bellas Artes**
Av. Juárez 4
Centro Histórico
06050 México, D.F.
Teléfono 510 4231 al 36
Fax 512 4360

LIBRERÍA GRAPHIS
Gutenberg 32-A
Anzures
11590 México, D.F.
Teléfonos 260 5095, 260 5466

LIBRERÍA ICONOGRÁFIK
Magnolias 34 esquina Tejocotes
Del Valle
03210 México, D.F.
Teléfonos 575 6136, 559 1657
L. a V. de 10 a 20 hrs
S. de 10 a 17 horas

LIBRERÍA MADERO
Madero 12
Centro Histórico
06040 México, D.F.
Teléfono 510 2068
L. a V. de 10 a 19:30 horas
S. de 10 a 17 horas

LIBRERÍA DEL MUSEO DE ARTE MODERNO
Paseo de la Reforma y Gandhi
Bosque de Chapultepec
11560 México, D.F.
Teléfono 286 4753
Fax 553 6211
Ma. a D. de 10 a 18 horas

LIBRERÍA DEL MUSEO FRANZ MAYER
Av. Hidalgo 45
Plaza de la Santa Veracruz
Centro Histórico
06050 México, D.F.
Teléfono 518 2265 al 71
Fax 521 2888
Ma. a D. de 10 a 17 horas

LIBRERÍA DEL MUSEO JOSÉ LUIS CUEVAS
Academia 13
Centro Histórico
06050 México, D.F.
Teléfonos 542 8959, 542 6198
Fax 522 0156
Ma. a S. de 10 a 17:30 horas

LIBRERÍA NOBEL
Av. de las Fuentes 28, local 11
Tecamachalco
México, D.F.
Teléfono 589 6206
L. a J. de 10 a 20 horas
V. de 10 a 17 horas
D. de 12 a 19 horas

Librería del Paseo
Paseo de la Reforma 35, local 3
Tabacalera
06030 México, D.F.
Teléfono/Fax 566 2681
L. a V. de 10:30 a 21:30 horas
S. de 12 a 21:30 horas
D. de 9:30 a 15 horas

Librería Pegaso
Álvaro Obregón 99
Roma
06700 México, D.F.
Teléfono 511 1471
L. a V. de 10 a 19 horas
S. de 11 a 20 horas

Librería Polanco
Virgilio 7
Polanco
11560 México, D.F.
Teléfono 545 9101

Librería El Rebusque
Av. Copilco 339
Copilco Universidad
43600 México, D.F.
Teléfono 658 6465
L. a V. de 10 a 19 horas
S. de 10 a 20 horas

Miguel Ángel Porrúa
Amargura 4
San Ángel
01000 México, D.F.
Teléfonos 616 2830, 661 0071
Fax. 550 2555
L. a V. de 10 a 19 horas
S. de 10 a 15 horas

Nueva Librería Italiana
Plaza Río de Janeiro 53
Roma
06700 México, D.F.
Teléfonos 511 6180, 208 8127
L. a V. de 10 a 19 horas
S. de 10 a 14 horas

El Parnaso
Carrillo Puerto 2
Coyoacán
04000 México, D.F.
Teléfonos 658 3175, 554 2225

Fax 659 5696
L. a D. de 9 a 22 horas

El Pórtico de la Ciudad de México
Eje Central Lázaro Cárdenas 24
Centro
06000 México, D.F.
Teléfono 510 9643
L. a V. de 10 a 19 horas
S. de 11 a 15 horas
• **Casa del Poeta**
Álvaro Obregón 73
Roma
06700 México, D.F.
Teléfono 207 1777

Las Sirenas
Av. de la Paz 57, local 22
Centro Comercial Plaza del Carmen
San Ángel
01000 México, D.F.
Teléfono 550 3112
Fax 550 2383
Ma. a S. de 11 a 20 horas
D. de 12:30 a 19 horas

Del Sótano
Av. Juárez 20
Centro
06050 México, D.F.
Teléfonos 510 2596, 512 7507
L. a S. de 9 a 20:45 horas
• **Coyoacán**
Miguel Ángel de Quevedo 209
Romero de Terreros
04310 México, D.F.
Teléfonos 554 1411, 554 9833
Fax 659 6266

Store Museum
Presidente Masaryk 360, local 30
Polanco
11560 México, D.F.
Teléfono/Fax 281 2950
L. a J. de 10:30 a 20 horas
V. de 10:30 a 18 horas
D. de 12 a 20 horas

Tomo 17
El Carmen 17
Chimalistac
01070 México, D.F.
Teléfono 661 3038

L. a V. de 9 a 21 horas
S. y D. de 11 a 20 horas

GUADALAJARA

Librería Gandhi
Av. Chapultepec 396
Sector Juárez
Potrero Unión Xavier Fuentes
44420 Guadalajara, Jalisco
Teléfono (3) 6 16 7374

Mexicana de Libros
Insurgentes 224
Sector Reforma
44450 Guadalajara, Jalisco
Teléfono (3) 17 6766
Fax (3) 18 0482

Librería Jardín de Senderos
Galeana 130, local 4
Pasaje Variedades
44450 Guadalajara, Jalisco
Teléfono (3) 613 6654
L. a S. de 9 a 20 horas

TALLERES DE
RESTAURACIÓN
GRABADO
SERIGRAFÍA
INVESTIGACIÓN

ARTEGRAFÍAS LIMITADAS

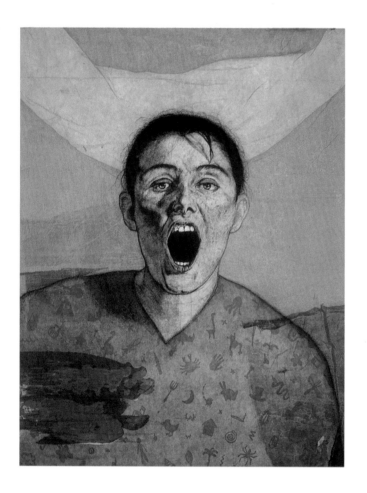

JOSÉ FORS
GRITO, 1989
GRABADO
68 X 90 CM
ARCHES, 100% ALGODÓN
75 COPIAS

Los talleres de Artegrafías Limitadas, S.A., fueron fundados en Naucalpan de Juárez, Estado de México, en el año de 1982. La empresa se dedica a la impresión, edición y experimentación en las artes gráficas, cuenta con varias prensas y equipo para la producción de estampas y libros finos hechos a mano, principalmente con las técnicas del grabado en metal y la litografía en piedra. A lo largo de los últimos 13 años ha producido obra de varios artistas.

The Artegrafías Limitadas, S.A., workshop was founded in Naucalpan de Juárez, State of Mexico, in 1982. Artegrafías specializes in the printing, publishing and production of experimental graphic arts projects. The workshop features several presses and equipment for the production of prints and fine, hand-crafted books, utilizing etching and lithography techniques. Over the last 13 years, they have produced the works of many artists.

NARANJOS 4
SAN FRANCISCO
CUAUTLALPAN
53560 NAUCALPAN
ESTADO DE MÉXICO
TEL 576 4011
FAX 360 1865
L. A V. DE 8-14
Y DE 15-18 HRS

MÉXICO

Cuando nos planteamos la creación, ya hace más de siete años, de este taller de conservación y restauración profesional, hicimos énfasis en el hecho de que para tener un centro dedicado a la preservación de bienes culturales, deberíamos dirigir nuestros esfuerzos no sólo a la práctica de la restauración, aspecto importante de esta profesión, sino también, de manera paralela, al desarrollo y difusión de la profesión por medio de conferencias, cursos, proyectos de investigación y publicaciones, con el propósito de abrir un campo casi inexplorado en México, así como para formar a aquellos investigadores que han realizado trabajos de importancia o desean participar en proyectos que vayan más allá de la práctica manual en esta área, a la vez que proporcionar a los estudiantes y al público en general, material especializado.

When the Conservation and Restoration Workshop was created seven years ago, as a center dedicated to preserving Mexico's cultural patrimony, emphasis was placed not only on the practice of restoration, an important aspect of this profession, but also on its study through conferences, courses, research projects and publications. The workshop was founded to encourage research in a field nearly unexplored in Mexico, as well as to support researchers who have completed important investigations or who wish to participate in projects that go beyond the technical execution of restoration. It also offers students and the general public specialized material on this subject.

ALGECIRAS 70
INSURGENTES-MIXCOAC
03920 MÉXICO, D.F.
TEL 563 8759
L. A V. DE 9-18 HRS

MÉXICO

FOTOGRAFÍA: ENRIQUE BOSTELMANN

El taller Restauro ha estado ligado, por más de 15 años, a las colecciones particulares de arte mexicano. Realiza trabajos de conservación y restauración que han sido calificados por los coleccionistas como de óptima calidad. Su compromiso con el quehacer en las obras de arte moderno, así como en la preparación de materiales y soportes solicitados por diversos maestros, contribuye al enriquecimiento del arte mexicano.

For more than fifteen years, the Restauro Workshop has worked with private collections of Mexican art. The workshop has completed preservation and restoration projects highly regarded by collectors and is dedicated to solving the problems of modern art preservation. In the preparation of materials and backings, which have been widely solicited by specialists, they have made a significant contribution to the field of Mexican art.

SECRETO 18
CHIMALISTAC
01070 MÉXICO, D.F.
TEL 661 8933
FAX 661 7468
MA. A D. DE 10-20 HRS

MÉXICO

CIENCIA Y ARTE EN RESTAURACIÓN

Ciencia y Arte en Restauración es una empresa de profesionales que brinda servicios a coleccionistas, artistas, museos e instituciones diversas en materia de preservación, conservación y restauración de patrimonio cultural y artístico. Efectuamos tratamientos integrales, así como de retablos, esculturas estofadas, pintura de caballete y mural, objetos arqueológicos y etnográficos, fumigaciones y empaques especiales de colección. Ofrecemos asesoría especial a artisas para preparación de telas y manufactura de soportes ligeros para pintura mural al fresco.

EMILIO CARRANZA 78-A
LA MAGDALENA
MAGDALENA CONTRERAS
10910 MÉXICO, D.F.
TELS 630 0100
630 0274
FAX 645 2892
L. A V. DE 8-20 HRS

MÉXICO

Ciencia y Arte en Restauración is a professional endeavor that provides services in the preservation, conservation and restoration of the cultural and artistic patrimony to collectors, artists, museums and institutions. They offer complete restoration treatments for retablos, ornamented wood and stone sculptures, murals and canvases, archeological and ethnographic objects, as well as packaging and fumigation services. In addition, they provide special consultation services for artists in the preparation of cloth and the production of light supports for murals or frescoes.

CURARE

Curare fue fundado en mayo de 1991 por un grupo de investigadores, historiadores del arte mexicano y diseñadores de exposiciones. Curare es un taller de investigación y un espacio de exposición plural y crítico, enfocado a las artes visuales. Publica un boletín trimestral con información de actualidad, resúmenes críticos de las exposiciones presentadas en los pasados meses y de libros publicados en el periodo. La asociación realiza cursos y seminarios de discusión sobre diversos aspectos de la cultura visual en la que participan especialistas renombrados. Asimismo, Curare ofrece una serie de servicios a instituciones y a particulares: investigaciones, curadurías, asesorías específicas, cursos de formación, discusiones y visitas comentadas, así como presentaciones de libros.

José Bedia
El hombre de hierro, 1992
Fragmento
Instalación

*I*n May 1991, a group of art historians, researchers and curators of Mexican art founded Curare as both an exhibition space and a workshop for diversified critical debate regarding the visual arts. Curare publishes a quarterly bulletin with information on current topics, critiques of recent exhibitions and book reviews. Curare offers courses, seminars and discussion groups led by renowned specialists, on diverse aspects of visual culture. Curare also offers services to institutions and individuals: research, curatorial services, consultation, special courses, discussion groups and guided tours, as well as book-publication events.

SINALOA 177
CONDESA
06740 MÉXICO, D.F.
TEL 286 1107
FAX 211 8775
L. A V. DE 10-15 HRS.

MÉXICO

Jesús Martínez
Maestro grabador

MÉXICO

Soledad 231
San Nicolás Totolapan
10900 México, D.F.
Tel 645 1423

Jesús Martínez es miembro de número de la Academia de Artes. Su taller es conocido entre todos los artistas que se dedican al mismo oficio.

Jesús Martínez is a certified member of the Academy of Arts. His workshop is well-known among those artists who are dedicated to the same craft.

JOEL RENDÓN

JOEL RENDÓN
ÍNTIMA MELANCOLÍA
LINÓLEO/PAPEL, 1994
28 X 38.3 CM

Diseño y elaboración de imágenes para publicaciones contemporáneas y de propuesta. Grabado, ilustración, compugrafía y pintura.

The studio of Joel Rendón offers services in the design and creation of images for contemporary publications and projects, including etchings, illustrations, computer graphics and paintings.

SAN LUIS POTOSÍ 181-A
ROMA
06700 MÉXICO, D.F.
TELS 264 3713
291 2101
L. A V. DE 10-18 HRS

MÉXICO

KYRON
EDICIONES GRÁFICAS LIMITADAS, S.A.

Kyron Ediciones Gráficas Limitadas, S.A., se funda en 1972. Realiza trabajos de impresión a mano de litografía, xilografía y serigrafía, y ha producido obra de los siguientes autores: Rufino Tamayo, Francisco Toledo, Francisco Corzas, Rodolfo Nieto, Maximino Javier y Raúl Anguiano, entre otros. Especialistas en enmarcado, conservación y asesoría en conservación de colecciones de obras de arte en papel.

CRUZ VERDE 5
BARRIO DEL NIÑO JESÚS
COYOACÁN
04330 MÉXICO, D.F.
TELS 544 7360
544 7361
FAX 549 2944
L. A J. DE 9-18 HRS
V. DE 9-14 HRS

MÉXICO

Kyron Graphic Editions Limited was founded in 1972, and specializes in the hand printing of lithography, woodcut and screen prints. Kyron has produced works of Rufino Tamayo, Francisco Toledo, Francisco Corzas, Rodolfo Nieto, Maximino Javier and Raúl Anguiano, among others. Kyron also specializes in framing, conservation and offers consultation services for collections of works of art on paper.

TIEMPO EXTRA EDITORES

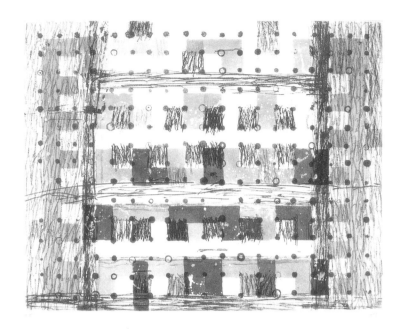

VICENTE ROJO

Tiempo Extra Editores es un taller dedicado al grabado de gran formato en todas las técnicas del grabado sobre metal. Edita obra de diferentes generaciones de artistas, como Vicente Rojo, Juan Soriano, Joy Laville, Gilberto Aceves Navarro, Alberto Gironella y Magali Lara, Alberto, José y Miguel Castro Leñero, Roberto Turnbull y Saúl Villa, entre otros.

Tiempo Extra Editores is a workshop dedicated to large-scale printmaking in all metal engraving techniques. They have produced the works of artists from various generations, including Vicente Rojo, Juan Soriano, Joy Laville, Gilberto Aceves Navarro, Alberto Gironella, Magali Lara, Roberto Turnbull, Saúl Villa, as well as Alberto, José and Miguel Castro Leñero, among others.

SAN FRANCISCO 520-A
MAGDALENA CONTRERAS
91810 MÉXICO, D.F.
TEL 568 9245
FAX 568 8299
L. A V. DE 9-20 HRS

MÉXICO

Directorio de Talleres

ARTEGRAFÍAS LIMITADAS
Naranjos 4
San Francisco Cuautlalpan
53560 Naucalpan, Estado de México
Teléfono 576 4011
Fax 360 1865
L. a V. de 8 a 14 y de 15 a 18 horas

ARTES GRÁFICAS UNIDAS
Oriente 179-473
Moctezuma
15500 México, D.F.
Teléfono 785 6633
Fax 762 9143
L. a V. de 8 a 18 horas

CIENCIA Y ARTE EN RESTAURACIÓN
Emilio Carranza 78-A
Magdalena Contreras
10910 México, D.F.
Teléfonos 630 0100, 630 0274
Fax 645 2892
L. a V. de 8 a 20 horas

CURARE
Sinaloa 177
Condesa
06740 México, D.F.
Teléfono 286 1107
Fax 211 8775
L. a V. de 10 a 15 horas

ESPERANZA BOLLAND
Gobernador A. Vicente Eguía 33
Tacubaya
11850 México, D.F.
Teléfono/Fax 271 0010

GALAS DE MÉXICO
San Antonio 121
Obrera
06800 México, D.F.
Teléfono 761 7050
Fax 588 5827
L.a V. de 8:30 a 18 horas

GRUPO PAPALOTE
Yucatán 37
Tizapán, San Ángel
01090 México, D.F.
Teléfono 616 1130
L. a V. de 9 a 20 horas

JAN HENDRIX
Empresa 101
Insurgentes-Mixcoac
03920 México, D.F.
Teléfono 598 3829
Fax 598 5628
L. a V. de 9 a 19 horas

JESÚS MARTÍNEZ
Soledad 231
San Nicolás Totolapan
10900 México, D.F.
Teléfono 645 1423

JOEL RENDÓN
San Luis Potosí 181-A
Roma
06700 México, D.F.
Teléfonos 264 3713, 291 2101
L. a V. 10 a 18 horas

KROMO-LITHO, S.A.
Tlalpan 754
Iztaccíhuatl
03520 México, D.F.
Teléfono 590 0215
L. a V. de 9 a 18:30 horas

KHURANA
Algeciras 70
Insurgentes-Mixcoac
03920 México DF
Teléfono/Fax 563 8759
L. a V. de 9 a 18 horas

KYRON
EDICIONES GRÁFICAS LIMITADAS, S.A.
Cruz Verde 5
Barrio del Niño Jesús

Coyoacán
43400 México, D.F.
Teléfonos 544 7360, 544 7361
Fax 549 2944
L. a J. de 9 a 18 horas
V. de 9 a 14 horas

PABLO TORREALBA
Serafín Olarte 161
Independencia
03630 México, D.F.
Teléfono/Fax 539 5268
L. a V. de 9 a 19 horas

RESTAURACIÓN
Torres Adalid 913
Del Valle
03020 México, D.F.
Teléfono 543 2946
L. a V. de 11:30 a 15 horas

RESTAURO
Secreto 18
Chimalistac
01070 México, D.F.
Teléfono 661 8933
Fax 661 7468
Ma. a D. de 10 a 20 horas

TIEMPO EXTRA EDITORES
San Francisco 520-A
Magdalena Contreras
91810 México, D.F.
Teléfono 568 9245
Fax 568 6299
L. a V. de 9 a 20 horas

TIENDAS DE MATERIALES
MARQUERÍAS

Casa Serra

Francisco Serra Clavaguera instala en 1906 una modesta tlapalería en el primer callejón de Mesones y, al mismo tiempo, desempeña su oficio: la talla y el dorado de la madera. Importa los materiales para uso particular, pero eventualmente los comercializa a sus clientes, a quienes aporta sus conocimientos adquiridos en su natal Barcelona y en Francia. Poco a poco los pinceles, los colores al óleo, las herramientas de talla, etcétera, desplazan las tuercas y tornillos. En los años cincuenta el giro comercial estaba definido: Casa Serra, ubicada en la calle Bolívar, logra el reconocimiento del medio de la plástica. Sigue manteniendo la tradicional atención personalizada y "La tlapalería" (como la llaman con cariño) sigue al servicio de pintores, escultores, doradores, grabadores, rotulistas, artesanos, etcétera.

In 1906, Franciso Serra Clavaguera opened a simple hardware store on the first Callejón de Mesones, while he continued to practice his craft: wood carving and gilding. He imported materials for his personal use, but eventually began selling them to his clients, who benefited from the knowledge he acquired in his native Barcelona and in France. Little by little the paintbrushes, oil colors and tools of the craftsman, replaced the nuts and screws. By the 1950s, the commercial future of the business was sealed: Casa Serra, located on Calle Bolívar, became a recognized institution within the visual arts world. With the same tradition of personalized attention, La tlapalería (as it is still affectionately called) continues to serve painters, sculptors, gilders, engravers, designers and craftsmen.

BOLÍVAR 87-A
CENTRO HISTÓRICO
06080 MÉXICO, D.F.
TELS 709 2726
709 7783
FAX 709 6618
L. A V. DE 10-18 HRS
S. DE 10-13:45 HRS

MÉXICO

DORARURÍA LA HACIENDA

A tención personal de sus propietarios Alicia Stela de Pliego y Antonio Pliego. Especialistas en el manejo profesional de obras originales, utilizan materiales importados, que garantizan su conservación. Marcos de todo tipo, respaldos aislantes con pH neutro, bastidores para óleo hechos en madera de primera calidad. Amplio surtido de obra gráfica e impresiones.

V isitors will receive the personal attention of owners Alicia Stella de Pliego and Antonio Pliego, specialists in the professional handling of original works. They manufacture frames of all kinds, utilizing durable, imported materials, pH-balanced insulating backings, as well as creating fine wood easels for oil works. They also offer a wide selection of graphic works and prints.

Av. de la Paz 57
Local 27
San Ángel
01000 México, D.F.
Tel 550 2417
Fax 550 2437
L. A V. de 10-14
y de 17-19 hrs
S. de 10-14 hrs

México

Marcos Ola Verde

El taller Marcos Ola Verde fue fundado en 1978 por Jaime Riestra y desde sus inicios se ha especializado en marcos para cuadros de gran calidad y diseño. Los marcos antiguos originales han sido, en el transcurso de los últimos 100 años, objetos muy valorados y anhelados por los coleccionistas. Pertenecen a esa rama de la artesanía que ha experimentado las más radicales transformaciones. El interés por retomar esta tradición artesanal ha llevado a Marcos Ola Verde a producir réplicas y originales adaptaciones de marcos antiguos tanto mexicanos como italianos y españoles fabricados por un equipo de hábiles artesanos mexicanos y supervisados uno por uno para lograr la más alta calidad.

The Marcos Ola Verde workshop was founded in 1978 by Jaime Riestra. Since its beginnings it has specialized in well-designed, high-quality frames. Over the last hundred years, original vintage frames have become increasingly valued and prized by collectors. They belong to that field of craftsmanship that has undergone the most radical transformations. The interest in reestablishing this craft tradition has prompted Marcos Ola Verde to make replicas and original adaptations of Mexican, Italian and Spanish vintage frames manufactured by expert Mexican craftsmen and individually supervised to achieve the highest standards of quality.

PLAZA RÍO
DE JANEIRO 52
ROMA
06700 MÉXICO, D.F.
TELS 207 1080
533 4244
L. A V. DE 10-15
Y DE 16-19 HRS

MÉXICO

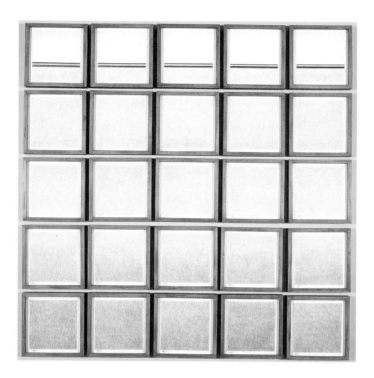

Casa abierta en 1987. Se especializa en grandes volúmenes. Ha realizado marcos en serie para los hoteles más importantes del país. También realiza montajes para exposiciones de artistas, tanto individuales como colectivas. Asesora a diversos tipos de empresas en cuanto al montaje y diseño de los marcos que decorarán sus muros. Nunca ha dejado de vender a particulares y coleccionistas. El trato es personalizado y la calidad garantizada.

This shop which opened in 1987 specializes in large-volume projects. They have created frames for some of the country's most important hotels. They also mount works for both solo and group exhibitions, as well as provide consultation services for a variety of businesses on the mounting and design of the frames that decorate their walls. They continue to sell to individuals and collectors, offering personalized service and a guarantee of top quality.

Colegio Salesiano 34 bis
Anáhuac
11320 México, D.F.
Tel 396 8784
L. a V. de 8-15 hrs

MÉXICO

Rayuela

Diseño en papel encuadernación y cajas, carpetas, portafolios y empaques especiales para artistas y editores. Artículos de papelería exclusivos.

Services in the design of bindings, boxes, folders, portfolios and special packaging for the artist or the editor. Rayuela offers an exclusive selection of stationary and paper supplies.

TLACOQUEMÉCATL 67-A
DEL VALLE
MÉXICO, D.F.
TEL 575 8268
L. A V. DE 11-18 HRS
S. DE 11-15 HRS

MÉXICO

ROSANO

La casa más prestigiada y seria, fabricamos y creamos marcos y molduras en todos los estilos, antiguos y modernos. Línea comercial y especializada. Restauración y conservación.

Rosano is the most prestigious and professional frameshop in Mexico City, producing and designing a commercial line in all styles, both antique and modern, while also creating custom-made frames. In addition, they offer their services in restoration and preservation.

MONTERREY 28
ROMA
06700 MÉXICO, D.F.
TELS 525 6108
525 3580
FAX 207 7485
L. A V. DE 10-18:30 HRS
S. DE 10-15 HRS

MÉXICO

DIRECTORIO DE TIENDAS DE MATERIALES

ARTE Y MATERIAL
Ayuntamiento 164
Centro
06040 México, D.F.
Teléfonos 521 1560, 512 9333

CASA DEL ARTE
Independencia 101-C
Centro
06050 México, D.F.
Teléfono 518 3620
L. a V. de 9:30 a 14 y de 15 a 19 horas
S. de 9:30 a 14 horas

CASA BERNSTEIN
República de El Salvador 66
Centro
Teléfonos 709 9566, 512 275, 521 5367
510 4819
Fax 510 0996

CASA SERRA
Bolívar 87-A
Centro Histórico
06080 México, D.F.
Teléfonos 709 2726 /709 7783
Fax 709 6618
L. a V. de 10 a 18 horas
S. de 10 a 13:45 horas

CASA VAN GOGH, S.A.
Homero 1118
Polanco
11550 México, D.F.
Teléfono 250 6677
Fax 535 1173
L. a S. de 9:30 a 18:30 horas

GALERIA LESAGE
Romero de Terreros 731
03100 México, D.F.
Teléfonos 639 8822, 639 9447
L. a V. de 10 a 19 horas

INDART
Av. San Antonio 399-4
San Pedro de los Pinos
03800 México, D.F.

Teléfonos 272 2277, 272 1442
Fax 271 3589
L. a S. de 10 a 14 y de 16 a 19 horas

JUAMA, S.A. DE C.V.
Corregidora 380
Miguel Hidalgo
14410 México, D.F.
Teléfonos 606 9573, 606 2959
Fax 606 7464
L. a V. de 8 a 18 horas

LOZANO
5 de Febrero 209
Centro
06050 México, D.F.
Teléfonos 588 8894, 761 4433

LUMEN
Oficinas Generales
Av. Toluca 481
Olivar de los Padres
01780 México, D.F.
Teléfonos 683 5211, 595 3925, 683 6099
Fax 681 1997

MERC ART
Av. San Antonio 388
San Pedro de los Pinos
03800 México, D.F.
Teléfonos 516 8645, 273 0049
Fax 271 3589
L. a. S. de 10 a 14 y de 15:30 a 19 horas

POCHTECA
Av. Dos 23
San Pedro de los Pinos
03800 México, D.F.
Teléfonos 515 1933, 515 2113, 272 5070

RODIN
Av. Insurgentes Sur 3703
Tlalpan
14410 México, D.F.
Teléfonos 665 1277, 665 1668
Fax 665 0026
L. a V. de 8:30 a 18 horas

Directorio de Marquerías

ARNO
Homero 408
Polanco
11570 México, D.F.
Teléfonos 254 1026, 531 4437
L. a V. de 10 a 19 horas
S. de 10 a 15 horas

ARTE NOVA
Génova 20-6
Juárez
0600 México, D.F.
Teléfonos 525 8078, 525 3290
Fax 525 3543
L. a S. de 9 a 21 horas

LA CASA DEL CUADRO Y LA MOLDURA
Newton 156
Polanco
11530 México, D.F.
Teléfonos 203 4582, 203 9812
L. a V. de 11 a 15 y de 16 a 19 horas
S. de 11 a 19 horas

DORARURÍA LA HACIENDA
Av. de la Paz 57, local 27
San Ángel
01000 México, D.F.
Teléfono 550 2437
L. a V. de 10 a 14 y de 17 a 19 horas

ESTUDIO DE ARTE
Cuernavaca 82
Condesa
06140 México, D.F.
Teléfono 211 7785
Fax 286 4950
L. a V. de 9 a 14 y de 16 a 19 horas

LA GALERÍA
Altavista 120-3
San Ángel
01000 México, D.F.
Teléfonos 616 2295, 616 2428
Fax 616 2295
L. a V. de 9:30 a 14:30 y de 16:30 a 19 horas

GALILEI
Newton 14
Polanco
11590 México, D.F.
Teléfono 280 2025
Fax 280 9206
L a V. de 10 a 19 horas
S. de 10 a 14 horas

IBÉRICA DE MARCOS, S.A.
Homero 1434
Polanco
11530 México, D.F.
Teléfono 395 5004
Fax 580 4806
L. a V. de 10:30 a 15 y de 16 a 19 horas
S. de 11 a 15 horas

MARCOS Y MOLDURAS CAVALATTI
Michoacán 18
Roma
06100 México, D.F.
Teléfono 574 1936
L. a S. de 10 a 18 horas

MARCOS Y MOLDURAS EXCÉLSIOR
Martín Carrera 287
Martín Carrera
07070 México, D.F.
Teléfonos 577 2626, 596 1826
Fax 577 2626
L. a S. de 9 a 19 horas

MARCOS OLA VERDE
Plaza Río de Janeiro 52
Roma
06700 México, D.F.
Telefonos 207 1080, 525 3095
L. a V. de 10 a 15 y de 16 a 19 horas

PROFESIONALES EN MARCOS
Colegio Salesiano 34 bis
Anáhuac
11320 México, D.F.
Teléfono 396 8784
L. a V. de 8 a 15 horas

Rayuela
Tlacoquemécatl 167-A
Del Valle
México, D.F.
Teléfono 575 8268
L. a V. de 11 a 18 horas
S. de 11 a 15 horas

Rosano
• **Casa matriz**
Monterrey 28
Roma
06700 México, D.F.
Teléfonos 525 6108, 525 3580
Fax 207 7485
I.. a V. de 10 a 18:30
S. de 10 a 15 horas
• **Sucursal Insurgentes**
Insurgentes Sur 1776
Florida
61030 México, D.F.
Teléfonos 661 4284, 661 7407
•**Fábrica**
Victoria 85
Fracc. Alce Blanco, Naucalpan
Estado de México
Teléfono 576 7899

ACTUALIZACIÓN DE DATOS PARA
LA GUÍA DE ARTES DE MÉXICO

Con el fin de mantener actualizados los datos de nuestra guía, le pedimos llenar esta forma y enviarla por fax al 525 59 25 con atención a Antonieta Cruz.
Indique en qué sección desea aparecer y pregunte por nuestras tarifas.

Nombre del museo, galería u otra institución

Domicilio

Teléfono y fax

Horarios

Principales artistas que manejan

Contactar con

Tipo de inserción ☐ sencilla ☐ doble

☐ sólo directorio

Artes de México
Plaza Río de Janeiro 52, Colonia Roma. C.P. 06700
Teléfonos 525 40 36 208 32 05 Fax 525 59 25

TANE
ORFEBRES

Rodolfo Morales, La fiesta, 1979. 3.92 x 1.95 mts. Mural óleo/lienzo y madera. Detalle.

CAMINO REAL MÉXICO,
UN HOTEL, UN MUSEO

El Discreto
Encanto

*Reconocido lugar
de confluencia entre
el arte de la alta cocina
y las artes visuales*

RESERVACIONES

*Orizaba 76, Colonia Roma
Teléfono 525 57 56,   533 60 74,   511 38 60
Horario: domingo a martes 13:30 a 19:00 hrs.
         miércoles a sábado 13:30 a 23:30 hrs.
Valet Parking*

OGIGIA *et* DELPHI

OGIGIA *et* DELPHI

Teléfono y Fax
(525) 520 53 91
Cd. de México

Fronte*spizio*

Salas Bassani

Diseño Gráfico

Diseño Editorial

Diseño Tipográfico

Imagen Corporativa

Diseño en Informática

Empaques

Señalización

Ilustraciones

Teléfono: (525) 5 205189 · 5 205391
Fax y Modem: (525) 5 205391
Ciudad de México

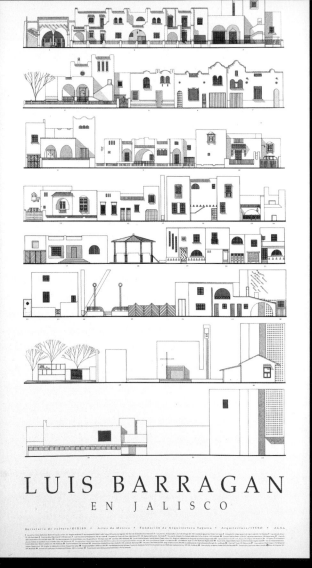

LUIS BARRAGAN
EN JALISCO

Café Córdoba

En el umbral del siglo XX, el gobierno del General Porfirio Díaz
fue testigo de cómo la modernidad europea se infiltraba en el modo
de vida del mexicano dejando su huella en colonias como la Roma,
que surgió en 1902 al noreste de la ciudad de México.
En la nueva colonia se distinguían calles como las de Guaymas,
Morelia, Córdoba, Puebla y Durango, ubicándose en la prolongación
de esta última la plaza de toros de la Condesa conocida como "El toreo".
Tenía como centro la Plaza Río de Janeiro, donde solían pasear las
jóvenes casaderas de la época; y como límite la Avenida Jalisco,
que hoy lleva el nombre del ex Presidente y General Alvaro Obregón
que en ella tuvo su residencia hasta el día de su muerte .
También dieron lustre a la colonia Roma con su presencia connotados
políticos, famosos escritores, poetas y pintores así como eminentes
hombres de ciencia y distinguidos miembros de la sociedad metropolitana.
Ahora en pleno corazón de la colonia Roma surge como punto de
confluencia del pasado y el presente el "Café Córdoba".

Sitio en Córdoba No. 48 Colonia Roma,
Abierto de lunes a viernes de 7:30 a las 21:00 horas.
y los sábados de las 10:00 a las 17:00 horas. Teléfonos. 525 3162 511 8623

MANDORLA

La única revista

anual que explora

hoy día los límites

trazados por la

nueva escritura de

las Américas.

Una conversación

literaria entre

dos idiomas.

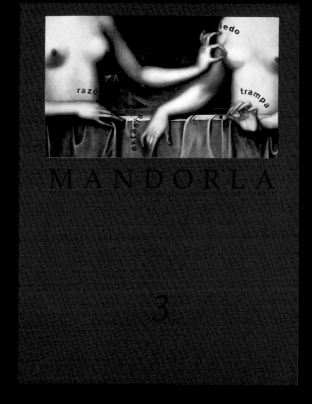

Dirigida por

Roberto Tejada.

Las más fieles tomas y reproducciones de obras.

Servicio de Valet Parking

Resolvemos su problema de Estacionamiento

tiene el espacio
osotros lo operamos.
no lo tiene nosotros
lo proporcionamos.

Restaurantes
Eventos
Hoteles
Clubes
Establecimientos
comerciales

sesoria en necesidades
e estacionamiento

eguro contra daños
or (N$ 200,000)

ARTES DE MÉXICO
COLECCIÓN PARALELA

Como parte de nuestro proyecto cultural
editamos libros que exploran más a fondo los temas
de la revista en publicaciones cuidadas que recrean
la tradición del arte de hacer libros.

• • •

As part of a wider cultural undertaking,
Artes de México *now offers several new titles in Spanish:*
books that thoroughly explore subjects featured
in the magazine, published in fine editions that recre-
ate the traditional art of bookmaking.

VOCES DE TINTA DORMIDA:
ITINERARIOS ESPIRITUALES DE LUIS BARRAGÁN

Alfonso Alfaro

Un retrato del artista Luis Barragán a través
de sus lecturas: huellas de rutas secretas, registro de
vibraciones de la inteligencia y los afectos.
Una investigación inusitada escrita con elegancia
y sutileza por un gran ensayista.

ARQUITECTURA Y POESÍA

Teodoro González de León

Ensayos donde convergen el arte, la poesía
y la reflexión sobre arquitectura. La obra escrita y los
dibujos de uno de los protagonistas de la
arquitectura actual de México.

Solicítelos en
Plaza Río de Janeiro 52, Colonia Roma
Teléfonos 525 40 36   208 32 05

LaJornada.

en alas de la libertad

*Con el fin de
acompañar el número
especial dedicado al*

TEQUILA COMO ARTE TRADICIONAL DE MÉXICO

*hemos editado una serie
de 4 grabados del
artista* **Joel Rendón,**
*en edición limitada,
para nuestros suscriptores
y amigos. Estos grabados
son realizados en linóleo
sobre papel de algodón,
de 55.5 x 32 cm.*

*Costo: N$ 500 c/u
Enmarcados: N$ 750 c/u.*

*Para ordenar,
llame a los teléfonos
525 40 36, 525 59 05*

ARTES DE MÉXICO

pone a la venta artículos de colección.
La imagen del conde de Gálvez,
impresa en serigrafía, en una edición
limitada de camisetas.

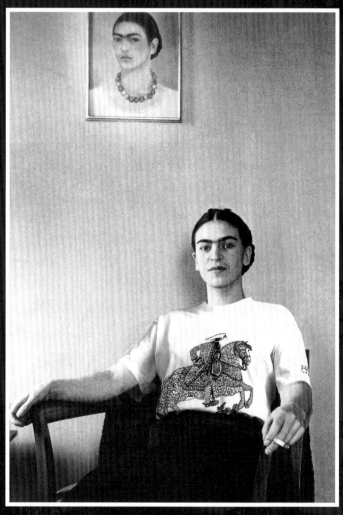

Costo N$ 50.00,
en blanco con motivo negro y
en negro con motivo blanco;
cien por ciento algodón,
en talla única

Solicítela en Plaza Río de Janeiro 52,
Colonia Roma, C.P. 06700,
o a los teléfonos 525 40 36

Diseño y
Comunicación
Gráfica

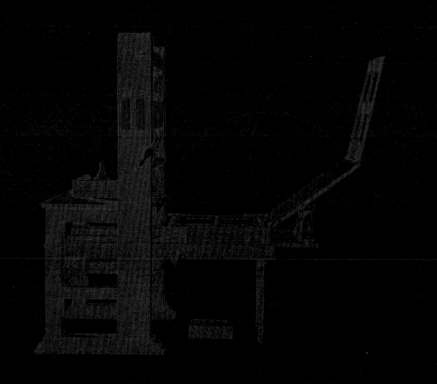

Catálogos

Diseño Editorial

Desktop Publishing

Identidad Corporativa

Diseño Tipográfico

Empaques

Ilustración

Cuevas & Puigferrat

3 5 3   3 8 2 8   T e l
3 5 2   9 0 1 6   F a x

El primer libro de la Colección Uso y Estilo
da a conocer los rebozos antiguos que, a principios de este siglo,
coleccionó en México el diplomático europeo Robert Everts.
Adquirida recientemente en Europa por el Museo Franz Mayer,
esta colección excepcional y la historia misma del rebozo
son comentadas en este libro por las especialistas
Irène Logan, Ruth Lechuga, Teresa Castelló Yturbide,
Chloë Sayer e Irmgard Weitlaner Johnson.

N$50 *Encuadernado rústico* • N$70 *Pasta dura*
TAMAÑO 22 x 22.5 cm

Colección Uso y Estilo

Museo Franz Mayer • Artes de México

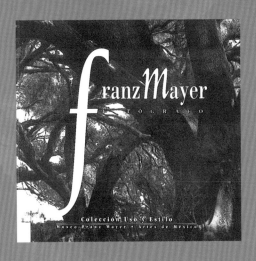

*El segundo título nos descubre
a un Franz Mayer desconocido: el fotógrafo. Este gran
coleccionista supo ver y elegir lo mejor de las artes aplicadas
de México. También supo apropiarse de paisajes, personajes y
objetos a través de su cámara fotográfica. Los historiadores
José Antonio Rodríguez y Erika Billeter nos revelan
aspectos sorprendentes de este fotógrafo amateur que
con el paso del tiempo forma parte de la historia
de la fotografía en México*

N$70 Encuadernado rústico • N$90 Pasta dura
TAMAÑO *22 x 22.5 cm*

*Adquiéralos en **Artes de México***
*Plaza Río de Janeiro 52, Colonia Roma, C.P. 06700
o a los teléfonos 525 40 36 525 59 05*

ARTES
DE MEXICO

Del cine al arte prehispánico,
de la pintura de castas al arte ritual de
la muerte niña, de los textiles de Chiapas
a los palacios virreinales, de los insectos
en el arte a los lenguajes de la plata,
de la arquitectura contemporánea
a las artesanías, las más creativas formas
de México conviven en sus páginas.

Artes de México es una publicación
bimestral, monográfica, coleccionable,
ampliamente ilustrada y bilingüe.
Un libro de arte que es difundido
como revista.

Suscríbase en
Plaza Río de Janeiro 52, Colonia Roma
o a los teléfonos 525 40 36 525 59 05 208 32 05
por fax al 525 59 25

ÍNDICE ANALITICO